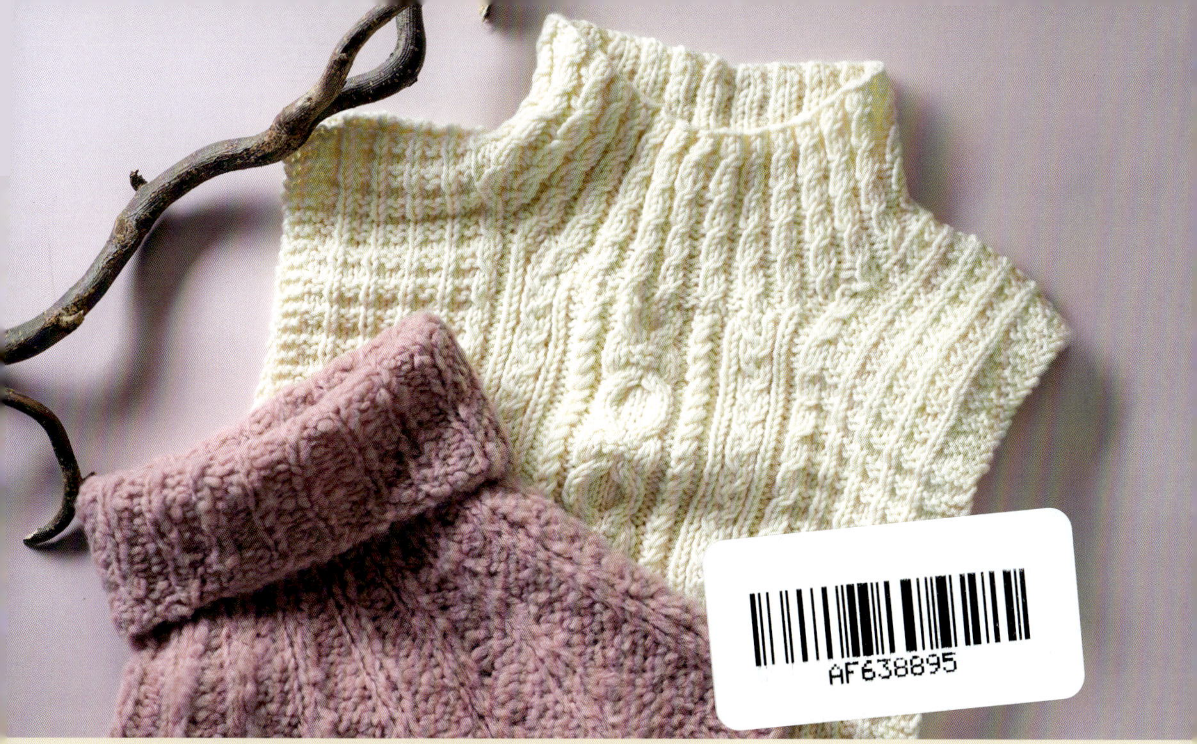

Wer kennt das nicht? Man geht kurz nach draußen und schon flattern die Enden des schnell um den Hals geschlungenen Schals oder Tuchs lose im Wind. Passt man nicht auf und hält alles fest, rutscht es hinunter.

Die Lösung: ein schmückender Kragen und wärmender Schal in einem. Als schnell übergeworfener Begleiter für den Spaziergang, Wärmespender unter dem Wintermantel oder gegen kalte Schultern am Schreibtisch sorgt er zuverlässig für wohlige Wärme und lädt zum Einkuscheln ein.

Als trendiges Accessoire peppt er jedes noch so eintönige Shirt auf. Sie werden bald nicht mehr darauf verzichten wollen. Ich kann mir ein Leben ohne diese Kragen gar nicht mehr vorstellen. Zudem sind sie schnell gestrickt und als Geschenk immer hoch willkommen.

Viel Freude beim Stricken und Tragen dieser variantenreichen Modelle wünscht Ihnen

Lydia Klös

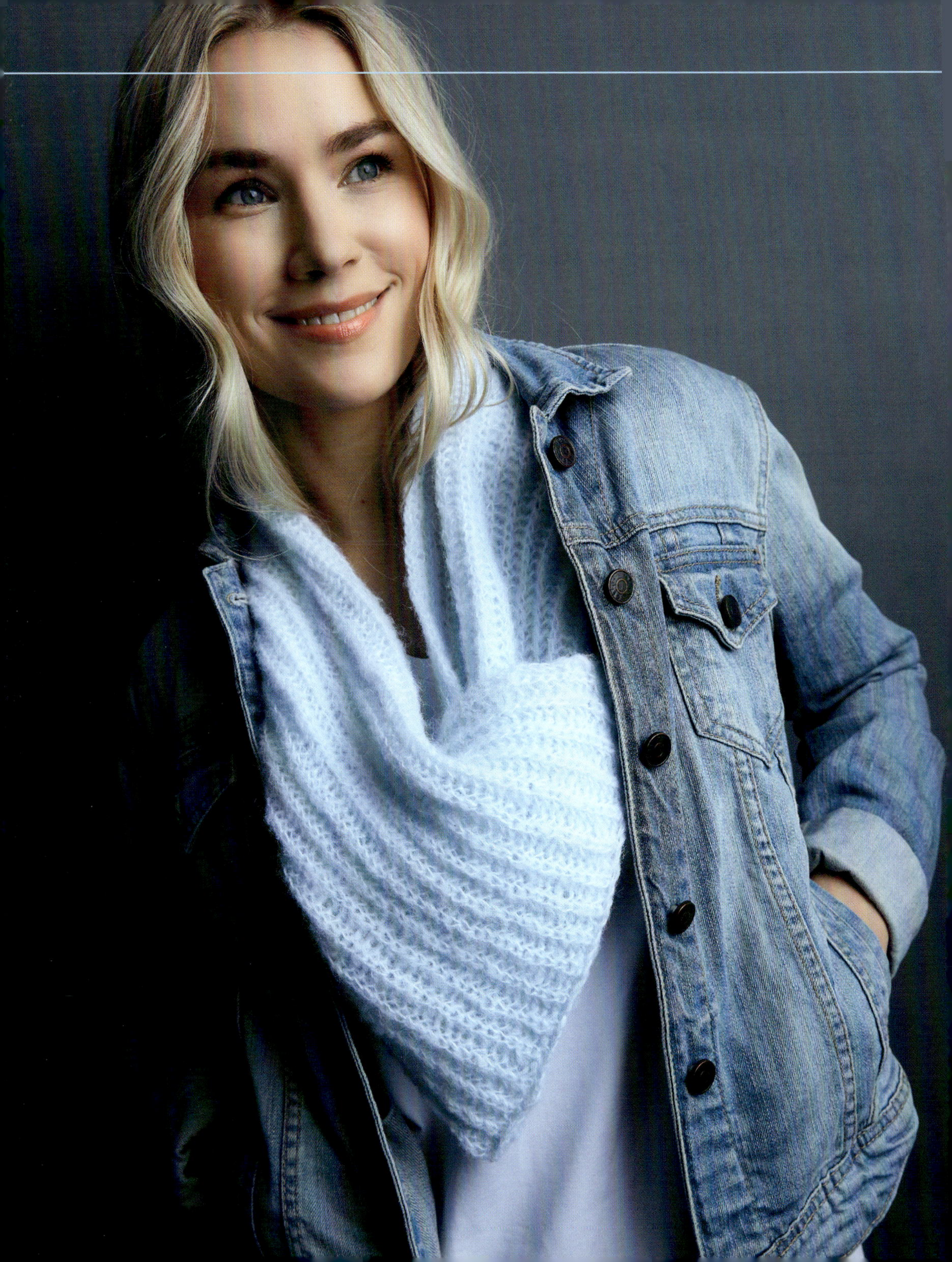

Federleichter Traum

Kragenschal in Vollpatent aus Alpaka

GRÖSSE
25 cm breit,
85 cm lang
(vor dem Zusammennähen)

MATERIAL
- Lang Yarns Suri Alpaca (LL 100 m/25 g) in Hellblau (Fb 21), 50 g
- Stricknadeln 4,5 mm

MASCHENPROBE
Glatt rechts
mit Nd 4,5 mm
16 M und 24 R
= 10 cm x 10 cm

Vollpatentmuster

M-Zahl teilbar durch 2 + 1 M
Nach der Strickschrift in R arb. Den Rapport von 2 M gemäß Anleitung stets wdh. Die 1.-3. R 1x arb, dann die 2. und 3. R gemäß Anleitung fortlaufend wdh.

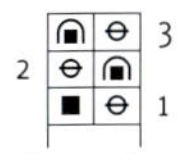

Rapport = 2 Maschen

■ = 1 Masche rechts

⊖ = 1 Masche mit 1 Umschlag wie zum Linksstricken abheben

= 1 Masche mit dem folgenden Umschlag rechts zusammenstricken

Anleitung

34 M anschl und nach der Strickschrift im Vollpatentmuster arb. Die 1.-3. R 1x arb, dann die 2. und 3. R fortlaufend wdh. Bei einer Gesamtlänge von 85 cm die M abk.

Fertigstellen

Die Fadenenden vernähen. Den Kragenschal anfeuchten, gleichmäßig spannen und gut trocknen lassen. Anschließend die Schalenden kreuzweise übereinanderlegen und an die Außenseiten der jeweiligen Längsseiten nähen.

Mein Tipp für Sie

Geschenk Dieses Modell eignet sich sehr gut als Geschenk. Es ist schnell gestrickt, und die weichen Fasern sind auch für empfindliche Haut gut verträglich.

Praktisch gestrickt

Kragenschal mit Schlaufe

Randmaschen

Die 1. Rdm in Hinr wie zum Rechtsstr und in Rückr wie zum Linksstr abheben. Die letzte M in Hinr rechts und in Rückr links str.

Kraus rechts

In Hin- und Rückr rechte M str.

Querrippenmuster

2 R glatt rechts, 2 R glatt links im Wechsel str.

Anleitung

3 M anschl und in der 1. R (= Rückr) 1 Rdm, 1 M kraus rechts und 1 Rdm str. Die 1. und letzte M der R stets als Rdm arb. Die M zwischen den Rdm kraus rechts str. 6x in jeder 2. R (= Hinr) nach der 1. Rdm und vor der 2. Rdm je 1 M rechts verschränkt aus dem Querfaden zun (= 15 M). 10 R kraus rechts str und danach mit den Abnahmen beginnen. 2x in jeder 2. R (= Hinr) jeweils die ersten 2 M nach der 1. Rdm rechts überzogen und die letzten 2 Maschen vor der 2. Rdm rechts zusammenstr (= 11 M). In der nächsten Hinr 1 Rdm str, 2x 2 M rechts überzogen zusammenstr, 1 M rechts arb, 2x 2 M rechts zusammenstr und mit 1 Rdm enden (= 7 M).
1 Rückr kraus rechts str und diese R mit einem M-Markierer kennzeichnen. Anschließend für die Schlaufe 10 R kraus rechts arb und die M danach auf einer Hilfsnd stilllegen. Den Faden abschneiden. Aus der gekennzeichneten R auf der Rückseite 7 M aufnehmen und über diese 7 M 10 R kraus rechts str. Die Hilfsnd mit den stillgelegten M dazunehmen und 7x je 1 M beider Nd zusammen abstr (= 7 M). In der Rückr die M links abstr. In der folgenden R die M-Zahl verdoppeln und dafür aus jeder M außer den Rdm je 1 M rechts und 1 M rechts verschränkt herausstr (= 12 M). In der Rückr die M links abstr. Anschließend mit 2 R glatt links beginnend im Querrippenmuster weiterarb und gleichzeitig 7x in jeder Hinr 4 M wie folgt zun: Nach und vor der Rdm jeweils 1 M links oder rechts verschränkt (je nach Muster) aus dem Querfaden zun, 1 M rechts str und 1 weitere M links oder rechts verschränkt zun (= 40 M). Im Querrippenmuster fortfahren und die Musterfolge aus 2 M rechts und 2 M links 28x str. Danach mit den Abnahmen beginnen und 7x in jeder Hinr wie folgt 4 M abn: Nach der 1. Rdm jeweils die ersten 2 M sowie die folgenden 2 M rechts überzogen oder links (je nach Muster) zusammenstr, vor der 2. Rdm jeweils die letzten 2 M und die 2 M davor rechts oder links zusammenstr (= 12 M). Das Querrippenmuster mit 1 Rückr beenden.
In der folgenden Hinr die M-Zahl wie folgt reduzieren: 1 Rdm, 5 x 2 M rechts zusammenstr, 1 Rdm (= 7 M).
In der Rückr die M links abstr.
Nun 10 R kraus rechts arb. Kraus rechts weiterstr und in der folgenden Hinr wie folgt 4 M zun: 1 Rdm, 1 M rechts verschränkt aus dem Querfaden zun, 1 M rechts, 1 M rechts verschränkt aus dem Querfaden zun, 3 M rechts, 1 M rechts verschränkt aus dem Querfaden zun, 1 M rechts, 1 M rechts verschränkt aus dem Querfaden zun, 1 Rdm (= 11 M). Die Rückr rechts str und in den nächsten beiden Hinr jeweils nach und vor der Rdm je 1 M rechts verschränkt aus dem Querfaden zun (= 15 M). 10 R kraus rechts str. Danach mit den Abnahmen beginnen und 5x in jeder Hinr wie folgt 2 M abn: Nach der 1. Rdm die ersten 2 M rechts überzogen zusammenstr, vor der 2. Rdm die letzten 2 M rechts zusammenstr (= 5 M). In der nächsten Hinr die mittleren 3 M rechts überzogen zusammenstr und in der folgenden R die restlichen 3 M abk.

Fertigstellen

Die Fadenenden vernähen. Den Kragenschal anfeuchten, gleichmäßig spannen und gut trocknen lassen.

GRÖSSE
31 cm breit,
94 cm lang

MATERIAL

- Lana Grossa Ecopuno Chunky (LL 70 m/50 g) in Jeans (Fb 123), 150 g
- Stricknadeln 7,0 mm
- Hilfsnadel
- Maschen-markierer

MASCHEN-PROBE
Glatt rechts mit Nd 7,0 mm
13 M und 17 R
= 10 cm x 10 cm

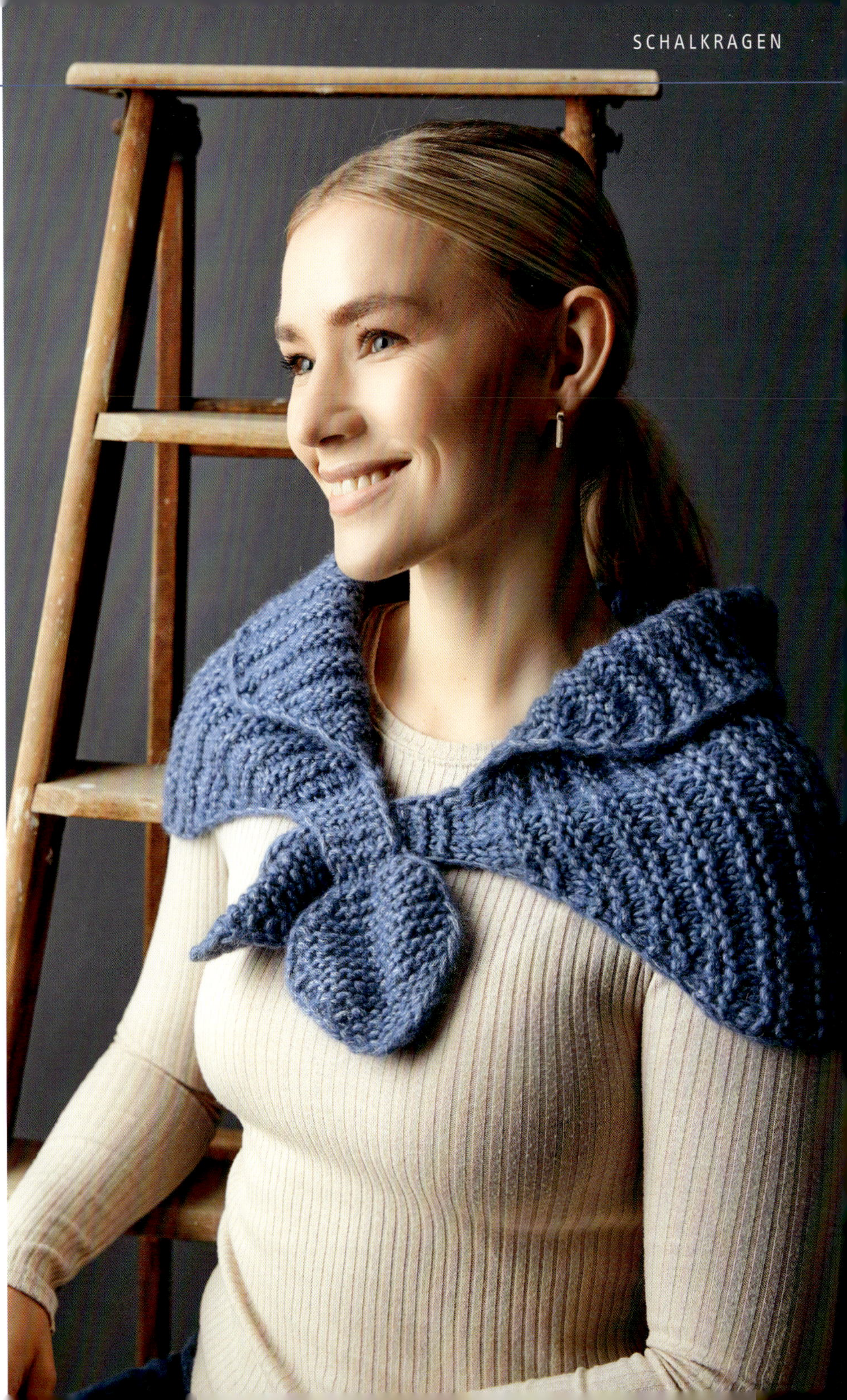

Symphonie in warmen Rottönen

langer Kragen für maximale Wärme

Randmaschen

Die 1. Rdm in Hinr wie zum Rechtsstr und in Rückr wie zum Linksstr abheben. Die letzte M in Hinr rechts und in Rückr links str.

Rippenmuster A

M-Zahl teilbar durch 4

In Rd 2 M rechts, 2 M links im Wechsel str.

Rippenmuster B

M-Zahl teilbar durch 2

In Rd 1 M rechts, 1 M links im Wechsel str.

Glatt rechts

In Rd alle M rechts str.

In Hinr rechte M, in Rückr linke M str.

Kraus rechts

In Hin- und Rückr rechte M str.

Anleitung

Der Kragen wird von oben nach unten gestrickt. Mit der 40 cm langen Rundstrick-Nd 120 M elastisch anschl und so zur Rd schließen, dass die rechte Seite der Anschlagkante innen liegt. Den Rd-Beginn mit 1 M-Markierer kennzeichnen und für den Rollkragen 50 Rd (16 cm) im Rippenmuster A str. Danach 1 Rd rechte M str und dabei nach der 1. und der 61. M je 1 M rechts verschränkt aus dem Querfaden zun (= 122 M).

Nun zur 60 cm langen Rundstricknd wechseln und nach der 36., 61. und 97. M je 1 M-Markierer setzen, um die Übergänge zu Schulterpartie, Vorder- und Rückenteil zu kennzeichnen. In der 1. Rd nach dem M-Markierer für den Rd-Beginn (vor der 1. M) 1 M rechts verschränkt aus dem Querfaden zun, 36 M glatt rechts str und vor dem 2. M-Markierer 1 M rechts verschränkt aus dem Querfaden zun (= Rückenteil). Über die nächsten 25 M zwischen dem 2. und 3. M-Markierer für die erste Schulter im Rippenmuster B str. Nach dem 3. M-Markierer 1 M rechts verschränkt aus dem Querfaden zun, 36 M glatt rechts str und vor dem 4. M-Markierer der Rd 1 M rechts verschränkt aus dem Querfaden zun (= Vorderteil). Nach dem 4. M-Markierer über die letzten 25 M der Rd für die zweite Schulter im Rippenmuster B str (= 126 M).

In dieser Mustereinteilung weiterarb und die Zunahme von 4 M je Rd in jeder 2. Rd wdh. Nach der 15. Zunahme-Rd (= 182 M) die folgende Rd nur bis zum 4. M-Markierer str und die letzten 25 M der Rd für die Schulter im Musterverlauf abk. Die M der anderen Schulter und des Vorderteils stilllegen.

Über die 66 M des Rückenteils in R weiterstr wie folgt: 1 Rdm, 5 M kraus rechts, 54 M glatt rechts, 5 M kraus rechts, 1 Rdm. In dieser Mustereinteilung 68 R arb. Dann für das Abschlussbündchen noch 6 R in folgender Mustereinteilung str: 1 Rdm, 5 M kraus rechts, 54 M im Rippenmuster A, 5 M kraus rechts, 1 Rdm. Anschließend die M im Musterverlauf abk.

Die stillgelegten M wieder aufnehmen und die 25 M der zweiten Schulter im Musterverlauf abk. Über die verbliebenen 66 M das Vorderteil in gleicher Weise wie das Rückenteil arb, jedoch bereits nach 60 R mit dem Abschlussbündchen beginnen.

Fertigstellen

Die Fadenenden vernähen. Den Kragen anfeuchten, gleichmäßig spannen und gut trocknen lassen.

GRÖSSE

Rollkragen:
Umfang 52 cm
(Kopfumfang
bis 60 cm),
16 cm lang,
32 cm breit,
Vorderteil:
31 cm lang,
Rückenteil:
34 cm lang

MATERIAL

- Schachenmayr Wool4future (LL 165 m/50 g) in Rose (Fb 33), 150 g
- Rundstricknadeln 4,0 mm, 40 cm und 60 cm lang
- Maschenmarkierer

MASCHENPROBE

Glatt rechts
mit Nd 4,0 mm
18 M und 28 R
= 10 cm x 10 cm

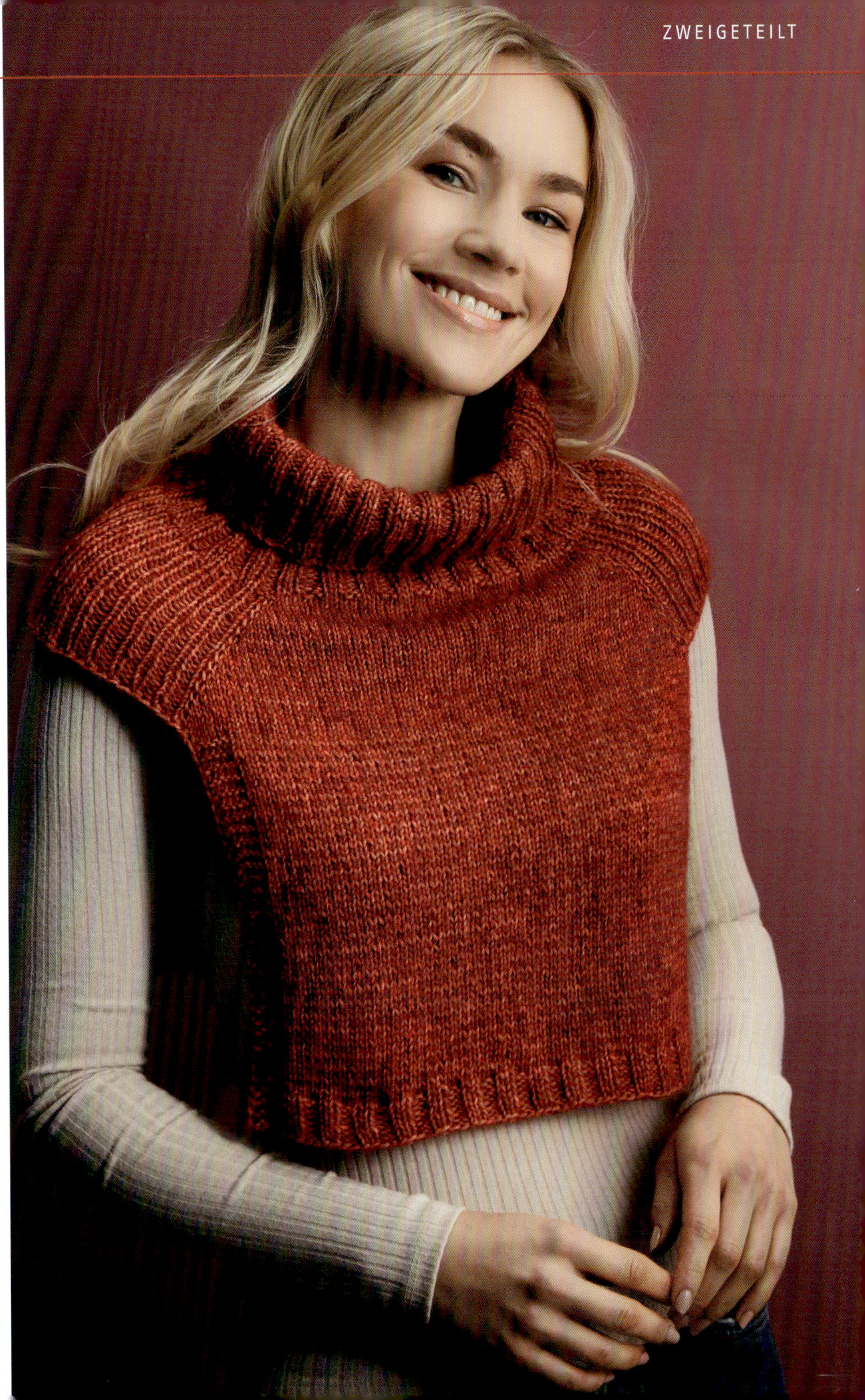

Celtic Chic

Kragenschal im Halbpatent mit Zopfrand

GRÖSSE
23 cm breit und 85 cm lang (vor dem Zusammennähen)

MATERIAL
- Woll Butt Primo Sophie (LL 155 m/25 g) in Salbei (Fb 102895), 50 g
- Woll Butt Innsbruck (LL 125 m/50 g) in Salbei (Fb 100760), 100 g
- Stricknadeln 6,0 mm

MASCHENPROBE
Glatt rechts mit Nd 6,0 mm und doppeltem Faden (= 1 Faden Primo Sophie und 1 Faden Innsbruck)
16 M und 20 R
= 10 cm x 10 cm

Randmaschen

Die 1. Rdm in Hinr wie zum Rechtsstr und in Rückr wie zum Linksstr abheben. Die letzte M in Hinr rechts und in Rückr links str.

Halbpatent mit Zopfrand

M-Zahl teilbar durch 2 + 10 M + 2 Rdm
Nach der Strickschrift in R arb. Mit den M vor dem Rapport beginnen, den Rapport von 2 M gemäß Anleitung stets wdh und mit den M nach dem Rapport enden. Die 1.–13. R 1x arb, dann die 2.–13. R gemäß Anleitung fortlaufend wdh.

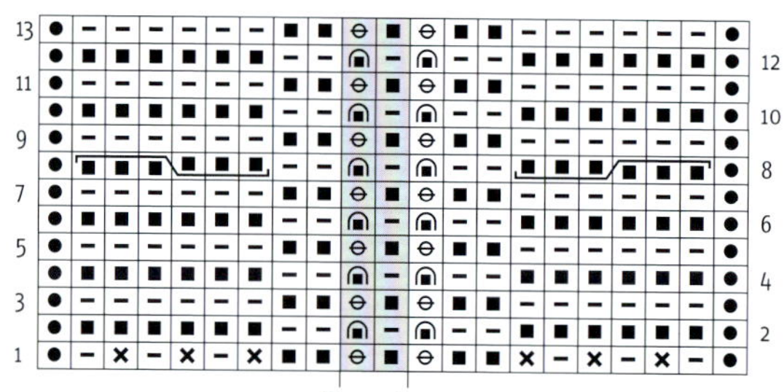

Rapport = 2 Maschen

■ = 1 Masche rechts

– = 1 Masche links

● = 1 Randmasche

× = 1 Masche links verschränkt aus dem Querfaden zunehmen

⊖ = 1 Masche mit 1 Umschlag wie zum Linksstricken abheben

= 1 Masche mit dem folgenden Umschlag rechts zusammenstricken

= 3 Maschen auf einer Hilfsnadel vor die Arbeit legen, 3 Maschen rechts stricken, dann die 3 Maschen der Hilfsnadel rechts stricken.

= 3 Maschen auf einer Hilfsnadel hinter die Arbeit legen, 3 Maschen rechts stricken, dann die 3 Maschen der Hilfsnadel rechts stricken.

Anleitung

33 M anschl und nach der Strickschrift im Halbpatentmuster mit Zopfrand arb. Die 1.–13. R 1x arb und dabei in der 1. R gemäß Strickschrift je Zopf 3 M zun (= 39 M). Dann die 2.–13. R fortlaufend wdh. Bei einer Gesamtlänge von ca. 85 cm die M nach einer 13. R im Musterverlauf abk und dabei die rechten M des Zopfmusters immer 2 rechte M des Zopfmusters zusammen abk.

Fertigstellen

Die Fadenenden vernähen. Den Kragenschal anfeuchten, gleichmäßig spannen und gut trocknen lassen. Anschließend das Schalende überkreuz so über den Schalanfang legen, dass die Abkettkante an das Zopfmuster der Längsseite grenzt. Die Abkettkante dort festnähen und dann die Anschlagkante an die andere Längsseite nähen.

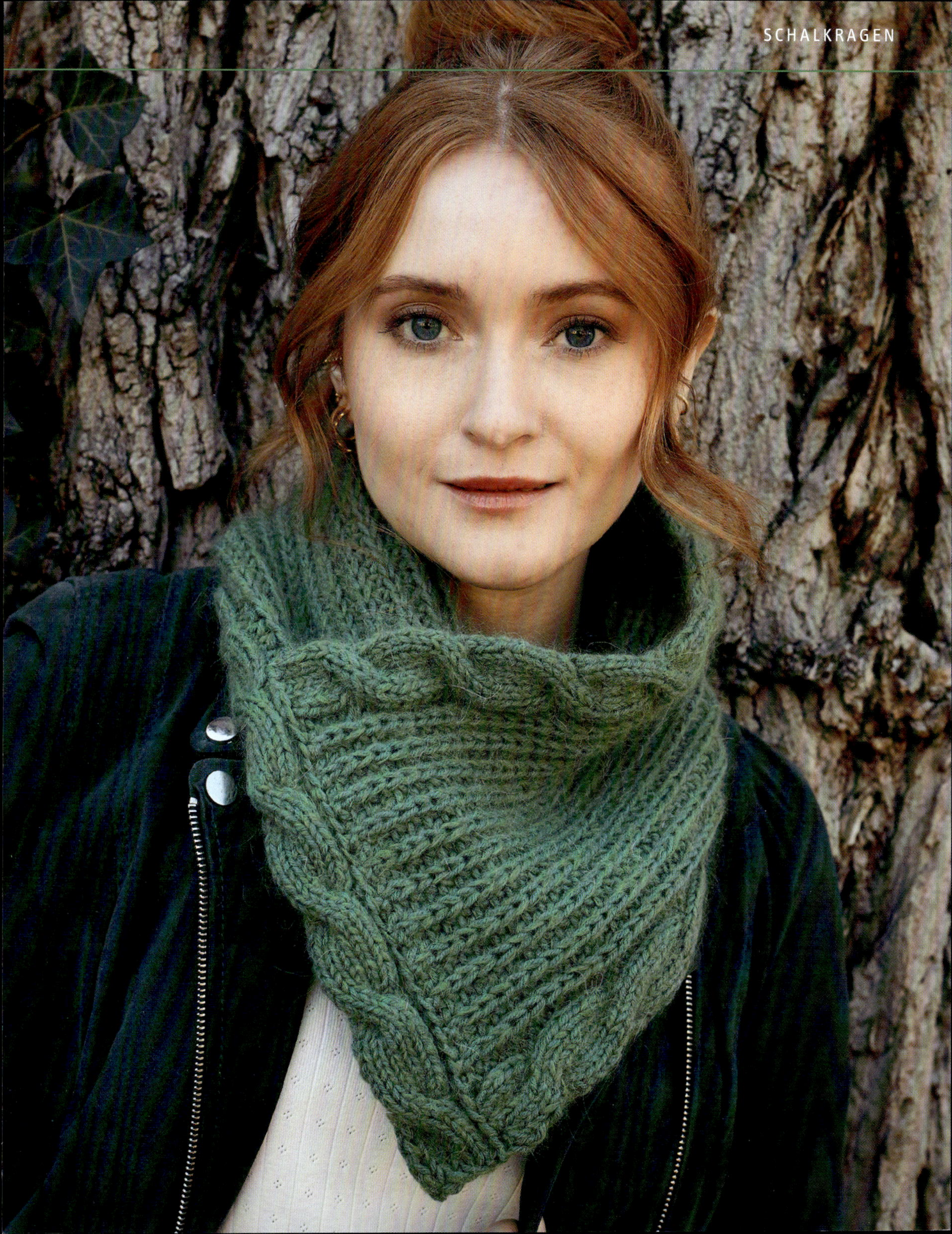

Klassisch elegant

mit Hemdkragen und Knopfleiste

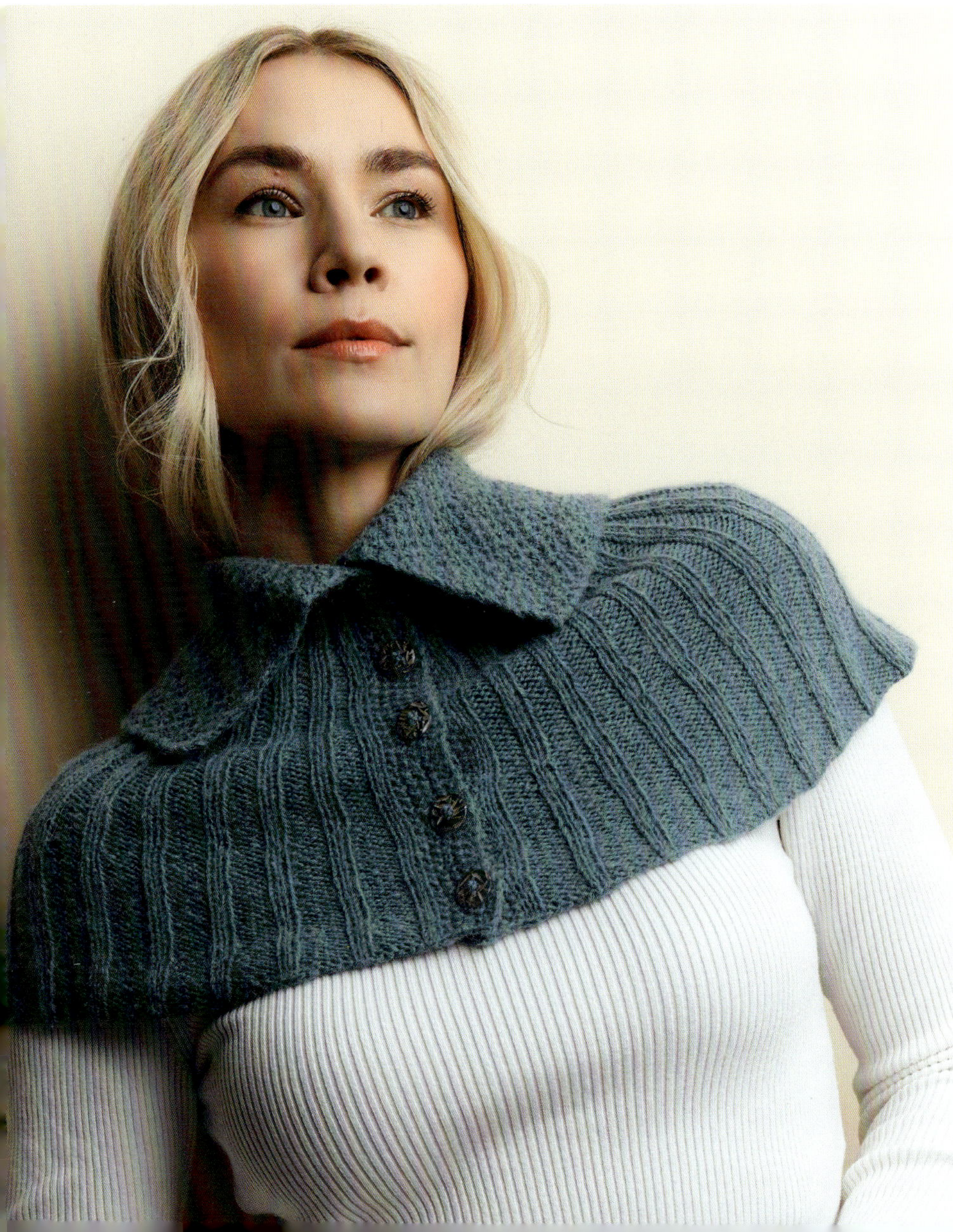

GRÖSSE
Umfang:
oben 44 cm,
unten 120 cm;
25 cm lang

MATERIAL
- Regia Premium Alpaca Soft (LL 310 m/100 g) in Salbei (Fb 70), 100 g
- 5 Knöpfe in Hellblau transparent mit Reishülsen, ø 18 mm
- Stricknadeln 2,5 mm
- Maschenmarkierer

MASCHENPROBE
Glatt rechts
mit Nd 2,5 mm
24 M und 32 R
= 10 cm x 10 cm

Randmaschen

Die 1. Rdm in Hinr wie zum Rechtsstr und in Rückr wie zum Linksstr abheben. Die letzte M in Hinr rechts und in Rückr links str.

Großes Perlmuster

M-Zahl teilbar durch 2

1. R (= Rückr): 1 M links, 1 M rechts im Wechsel str.

2.+3. R: 1 M rechts, 1 M links im Wechsel str.

4.+5. R: Wie die 1. R str.

Blendenmuster

M-Zahl teilbar durch 2 + 1

In Hin- und Rückr 1 M rechts, 1 M links im Wechsel str, mit 1 M rechts enden.

Rippenmuster A

M-Zahl teilbar durch 3

1. R (= Hinr): 2 M rechts, 1 M links im Wechsel str, mit 2 M rechts enden.

2. R (= Rückr): 2 M links, 1 M rechts im Wechsel str, mit 2 M links enden.

Rippenmuster B

1. R (= Hinr): 2 M rechts, 1 M links verschränkt aus dem Querfaden zun, 1 M links im Wechsel str, mit 2 M rechts enden.

2. R (= Rückr): 2 M links, 2 M rechts im Wechsel str, mit 2 M links enden.

3. R (= Hinr): 2 M rechts, 2 M links im Wechsel str, mit 2 M rechts enden.

Rippenmuster C

1. R (= Hinr): 2 M rechts, 1 M links verschränkt aus dem Querfaden zun, 2 M links im Wechsel str, mit 2 M rechts enden.

2. R (= Rückr): 2 M links, 3 M rechts im Wechsel str, mit 2 M links enden.

3. R (= Hinr): 2 M rechts, 3 M links im Wechsel str, mit 2 M rechts enden.

Rippenmuster D

1. R (= Hinr): 2 M rechts, 1 M links verschränkt aus dem Querfaden zun, 3 M links im Wechsel str, mit 2 M rechts enden.

2. R (= Rückr): 2 M links, 4 M rechts im Wechsel str, mit 2 M links enden.

3. R (= Hinr): 2 M rechts, 4 M links im Wechsel str, mit 2 M rechts enden.

Rippenmuster E

1. R (= Hinr): 2 M rechts, 1 M links verschränkt aus dem Querfaden zun, 4 M links im Wechsel str, mit 2 M rechts enden.

2. R (= Rückr): 2 M links, 5 M rechts im Wechsel str, mit 2 M links enden.

3. R (= Hinr): 2 M rechts, 5 M links im Wechsel str, mit 2 M rechts enden.

Anleitung

Der Kragen wird von oben nach unten gestrickt.

120 M elastisch anschl und im großen Perlmuster arb. Die 1.-5. R 1x str und danach die 2.-5. R fortlaufend wdh. Jede R mit 1 Rdm beginnen und beenden. Nach 41 R oder 10 cm im großen Perlmuster 1 R linke M als Umbruchkante str und dabei nach der 2. und vor der vorletzten M je 1 M links verschränkt aus dem Querfaden zun (= 122 M).

Die folgende R ist nun die neue Hinr. Mit 1 Rdm beginnen, 5 M im Blendenmuster str und das Ende der Blende mit einem M-Markierer kennzeichnen. 110 M im Rippenmuster A arb und den Beginn der 2. Blende mit einem weiteren M-Markierer kennzeichnen. 5 M im Blendenmuster str und mit 1 Rdm enden. In dieser Mustereinteilung weiterarb.

Nach insgesamt 8 R in dieser Mustereinteilung am Ende der 9. R in der 2. Blende das 1. Knopfloch arb. Hierfür die 2. und 3. M der Blende rechts zusammenstr, einen doppelten U arb und bis zum Ende der R mustergemäß weiterarb. In der Rückr den 1. U fallen lassen und den 2. U rechts str.

In gleicher Weise in der 27., 45., 63. und 81. R noch je 1 Knopfloch arb.

Gleichzeitig nach 20 R Rippenmuster A im Rippenmuster B weiterstr. 1x die 1.-3. R str, dann die 2. und 3. R fortlaufend wdh. Nach 20 R Rippenmuster B zu Rippenmuster C, nach weiteren 20 R zu Rippenmuster D und danach zu Rippenmuster E wechseln. Dabei jeweils 1x die 1.-3. R str, dann die 2. und 3. R fortlaufend wdh. Bis zur gewünschten Länge oder dem Ende des Garnknäuels noch 4-8 R im Rippenmuster E arb und die M elastisch abk. Die Position der Knöpfe ermitteln und diese annähen.

Fertigstellen

Die Fadenenden vernähen. Den Kragen anfeuchten, gleichmäßig spannen und gut trocknen lassen.

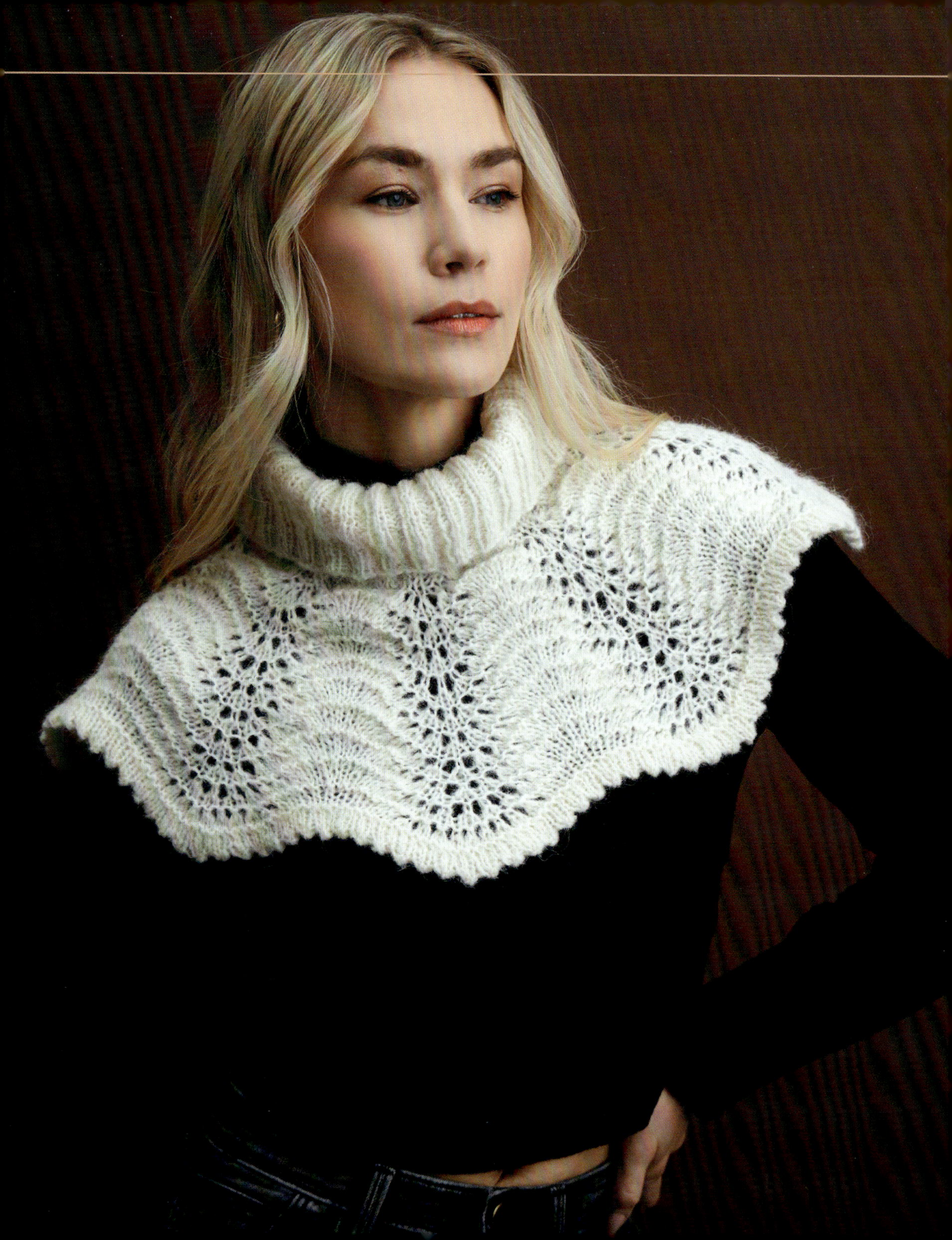

Weiße Eleganz

Kragenschal mit Rundpasse und Pfauenmuster

GRÖSSE

Rollkragen: Umfang 54 cm (Kopfumfang bis 60 cm), 16 cm lang

Rundpasse: Umfang unten 140 cm, 17-19 cm lang

MATERIAL

- LangYarns Zen (LL 200 m/ 25 g) in Offwhite (Fb 94), 75 g
- Rundstricknadeln 4,0 mm, 40 cm und 60 cm lang
- Maschenmarkierer

MASCHENPROBE

Glatt rechts mit Nd 4,0 mm und doppeltem Faden
16 M und 28 R = 10 cm x 10 cm

STRICKSCHRIFT

Vorlagenbogen A

Rippenmuster

M-Zahl teilbar durch 4
In Rd 2 M rechts, 2 M links im Wechsel str.

Glatt rechts

In Rd rechte M str.

Pfauenmuster

M-Zahl teilbar durch 17
Nach der Strickschrift in Rd arb. Den Rapport von 17-29 M gemäß Anleitung fortlaufend wdh.

Anleitung

Der Kragen wird mit doppeltem Faden von oben nach unten gestrickt. 120 M elastisch anschl und so zur Rd schließen, dass die rechte Seite der Anschlagkante innen liegt. Den Rd-Beginn mit einem M-Markierer kennzeichnen und 45 Rd oder 16 cm im Rippenmuster str. Danach 1 Rd rechte M str und dabei im Wechsel nach jeder 7. bzw. 8. M je 1 M rechts verschränkt aus dem Querfaden zun (= 136 M).

Im Pfauenmuster weiterstr. Den Rapport in jeder Rd 8x arb und die 1.-32. Rd 1x str (= 232 M). Nach Bedarf zur 60 cm langen Rundstricknd wechseln. Danach die 29.-32. Rd noch 2x wdh und dann 4 Rd glatt rechts str. Anschließend für die Umbruchkante 1 Rd im Wechsel 1 U arb und 2 M rechts zusammenstr. Danach noch 4 Rd glatt rechts arb und die M abk. Die letzten 4 Rd an der Umbruchkante nach innen klappen und dort annähen.

Fertigstellen

Die Fadenenden vernähen. Den Kragenschal anfeuchten, gleichmäßig spannen und gut trocknen lassen.

Rundum warm

Kragenschal mit Rundpasse

Bündchenmuster

1.-8. Rd: 2 M rechts, 1 M links im Wechsel str.
9. Rd: 2 M rechts, 1 U, 1 M links im Wechsel str.
10. Rd: 2 M rechts, den U der Vorr links verschränkt abstr, 1 M links im Wechsel str.
11.-16. Rd: 2 M rechts, 2 M links im Wechsel str.
17. Rd: 2 M rechts, 1 M links, 1U, 1 M links im Wechsel str.
18. Rd: 2 M rechts, 1 M links, den U der Vorr links verschränkt abstr, 1 M links im Wechsel str.
19.-24. Rd: 2 M rechts, 3 M links im Wechsel str.

Rippenmuster

In Rd 2 M rechts, 3 M links im Wechsel str.

Zweifarbige Hebemaschen-Muster A, B und C

Nach den Strickschriften A-C in Rd str. Mit den M vor dem Rapport 1 beginnen, den Rapport 1 entsprechend den Angaben in der Anleitung wdh und dann die M zwischen Rapport 1 und 2 str. Anschließend Rapport 2 entsprechend den Angaben in der Anleitung wdh und danach die M zwischen Rapport 2 und 3 arb. Rapport 3 entsprechend den Angaben in der Anleitung wdh und mit den M nach dem Rapport 3 enden. Das Muster 2x nacheinander von rechts nach links und die 1.-58. Rd 1x arb.

Anleitung

Der Kragenschal wird von oben nach unten gestrickt. 102 M in Nachtblau mit der 40 cm langen Nd elastisch anschl und zur Rd schließen. Den R-Anfang mit einem M-Markierer kennzeichnen. 24 Rd im Bündchenmuster arb (= 170 M). Noch 2 M rechts und 1 M links str und den M-Markierer an diese neue Position versetzen (= hintere Mitte). Von dem neuen Rd-Anfang aus weitere M-Markierer setzen, um Beginn und Ende der Zopfmuster zu kennzeichnen: nach 22 M, nach weiteren 7 M, nach weiteren 28 M, nach weiteren 7 M, nach weiteren 43 M, nach weiteren 7 M, nach weiteren 28 M und nach weiteren 7 M (= 9 M-Markierer insgesamt). Zur 60 cm langen Nd wechseln.
Das tintenblaue Garn dazunehmen und mit dem Hebemaschenmuster A beginnen. Den 1. Rapport 3x, den 2. Rapport 5x und den 3. Rapport 3x str. Das Muster 2x nacheinander von rechts nach links arb und die 1.-18. Rd 1x str (= 238 M). Nach Bedarf zur 80 cm langen Nd wechseln. Mit Hebemaschenmuster B fortfahren und den 1. Rapport 5x, den 2. Rapport 7x und den 3. Rapport 4x arb. Das Muster 2x nacheinander von rechts nach links str und die 19.-36. Rd 1x arb (= 310 M). Zu Hebemaschenmuster C wechseln. Den 1. Rapport 6x, den 2. Rapport 11x und den 3. Rapport 6x str. Das Muster 2x nacheinander von rechts nach links arb und die 37.-58 Rd 1x str (= 358 M). Den tintenblauen Faden abschneiden und in Nachtblau weiterarb. Die 1. Rd wie folgt arb: 2 M rechts zusammenstr, 43 M rechts str, 4x je 2 M rechts zusammenstr (Zopf), 74 M im Rippenmusterverlauf str, 4x je 2 M rechts zusammenstr (Zopf), 43 M rechts, 2 M rechts zusammenstr, 44 M rechts str, 4x je 2 M rechts zusammenstr (Zopf), 74 M im Rippenmusterverlauf str, 4x je 2 M rechts zusammenstr (Zopf), 44 M rechts str (= 340 M). Anschließend 8 Rd im Rippenmuster arb und die M nicht zu locker abk.

Fertigstellen

Die Fadenenden vernähen. Den Kragenschal anfeuchten, gleichmäßig spannen und gut trocknen lassen.

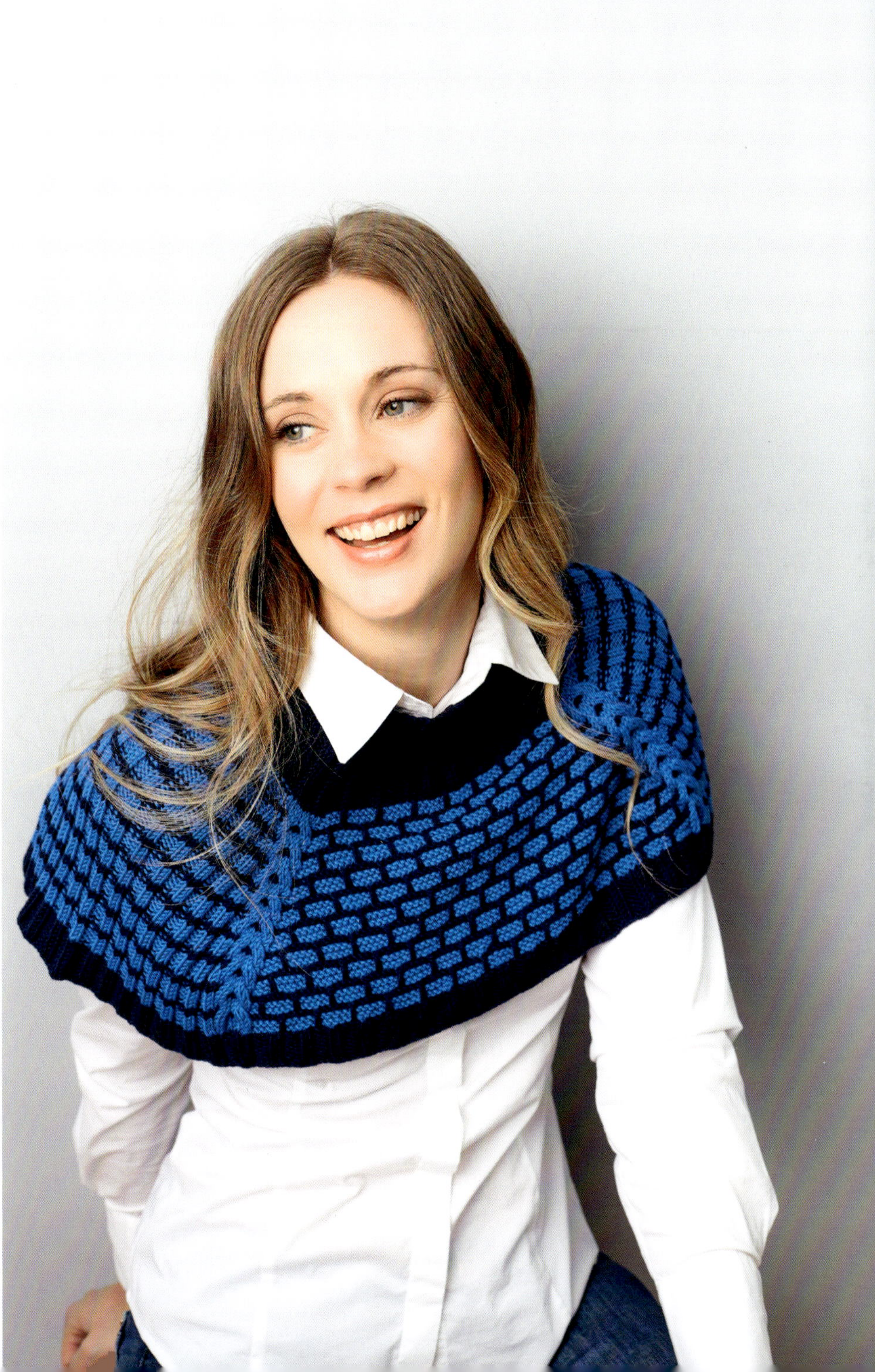

GRÖSSE
Stehkragen: Umfang 40 cm (Kopfumfang bis 58 cm)

Rundpasse: Umfang unten 130 cm, Länge 27 cm

MATERIAL
- Lana Grossa Cool Wool Big (LL 120 m/50 g) in Nachtblau (Fb 630) und Tintenblau (Fb 992), je 100 g
- Rundstricknadeln 3,5 mm, 40 cm, 60 cm und 80 cm lang
- Maschenmarkierer

MASCHENPROBE
Glatt rechts mit Nd 3,5 mm 19 M und 26 R = 10 cm x 10 cm

STRICKSCHRIFTEN
Vorlagenbogen B + B

Verwandlungskünstler

mehrfarbiger Kragen im Patentmuster

GRÖSSE
85 cm breit,
31 cm lang

MATERIAL

- Schachenmayr Merino Extrafine 120 (LL 120 m/50 g) in Natur (Fb 102), 100 g
- Schachenmayr Merino Extrafine Color 120 (LL 120 m/50 g) in Sunset Color (Fb 471), 100 g
- 3 Holznöpfe, ø 23 mm
- Rundstricknadel 3,5 mm, 60 cm lang

MASCHENPROBE
Im Patentmuster mit Nd 3,5 mm
18 M und 26 R
= 10 cm x 10 cm

STRICKSCHRIFT
Vorlagenbogen B

Randmaschen

Die Rdm werden doppelfädig mit je einem Faden in Natur und Sunset Color gearbeitet. Hierfür die 1. Rdm in Hinr wie zum Rechtsstr und in Rückr wie zum Linksstr abheben. Die letzte M in der 1. Hinr bzw. 1. Rückr wie in der Strickschrift angegeben abheben und in der 2. Hinr mit beiden Fäden rechts bzw. in der 2. Rückreihe mit beiden Fäden links str.

Zweifarbiges Vollpatentmuster

M-Zahl teilbar durch 2 + 1 M + 2 Rdm
Die M mit einer Rundstricknd in Natur anschl, den Anschlag nicht wenden, sondern die M an das rechte Nd-Ende zurückschieben. Mit der 1. R (= Hinr) in Sunset Color beginnen und nach der Strickschrift arb. Es sind Hin- und Rückr gezeichnet. Mit der Rdm vor dem Rapport beginnen, den Rapport von 2 M fortlaufend wdh und mit den M nach dem Rapport enden. Nach der 2. R (= 1. Rückr) in Natur die M an das rechte Nd-Ende zurückschieben und die 3. R (= 2. Rückr) in Sunset Color str. Nach der 4. R (= 1. Hinr) in Natur die M wieder an das rechte Nd-Ende zurückschieben und die 5. R (= 2. Hinr) in Sunset Color str. Die 1.-5. R 1x arb. Dann die 2.-5. R stets wdh und immer im Wechsel 2 Rückr und 2 Hinr str.

Mein Tipp für Sie

Variantenreich Der Kragenschal lässt sich immer wieder anders tragen – je nachdem, wie man ihn knöpft, ob man ihn seitlich oder mittig trägt oder welche Seite man nach außen wendet.

Hinweis: Das Muster ist mit zwei unterschiedlichen Seiten beidseitig verwendbar.

Anleitung

155 M in Natur nicht zu fest anschl. Den Anschlag nicht wenden, sondern die M an das rechte Nd-Ende zurückschieben und im zweifarbigen Vollpatentmuster arb. Den Rapport von 2 M 76x str. Die 1.-5 R 1x arb und danach die 2.-5. R bis zu einer Länge von ca. 5 cm fortlaufend wdh. Für das 1. Knopfloch in einer Hinr in Natur an der rechten Seite zunächst die 4. M zusammen mit dem U und dann die 5. M mit dem Faden hinter den M wie zum Rechtsstr abheben. Beide M zurück auf die linke Nd heben und zusammen rechts abstr. 1 doppelten U arb und bis zum Ende der R weiterarb. In der 2. Hinr in Sunset Color den 1. U fallen lassen und den 2. U rechts abstr. Mit dem Muster fortfahren und nach je ca. 10 cm ein 2. und ein 3. Knopfloch arb. Bei einer Länge von ca. 31 cm alle M in 1 Hinr in Natur abk. Die Position der 3 Knöpfe ermitteln und diese annähen.

Fertigstellen

Die Fadenenden vernähen. Den Kragen anfeuchten, gleichmäßig spannen und gut trocknen lassen.

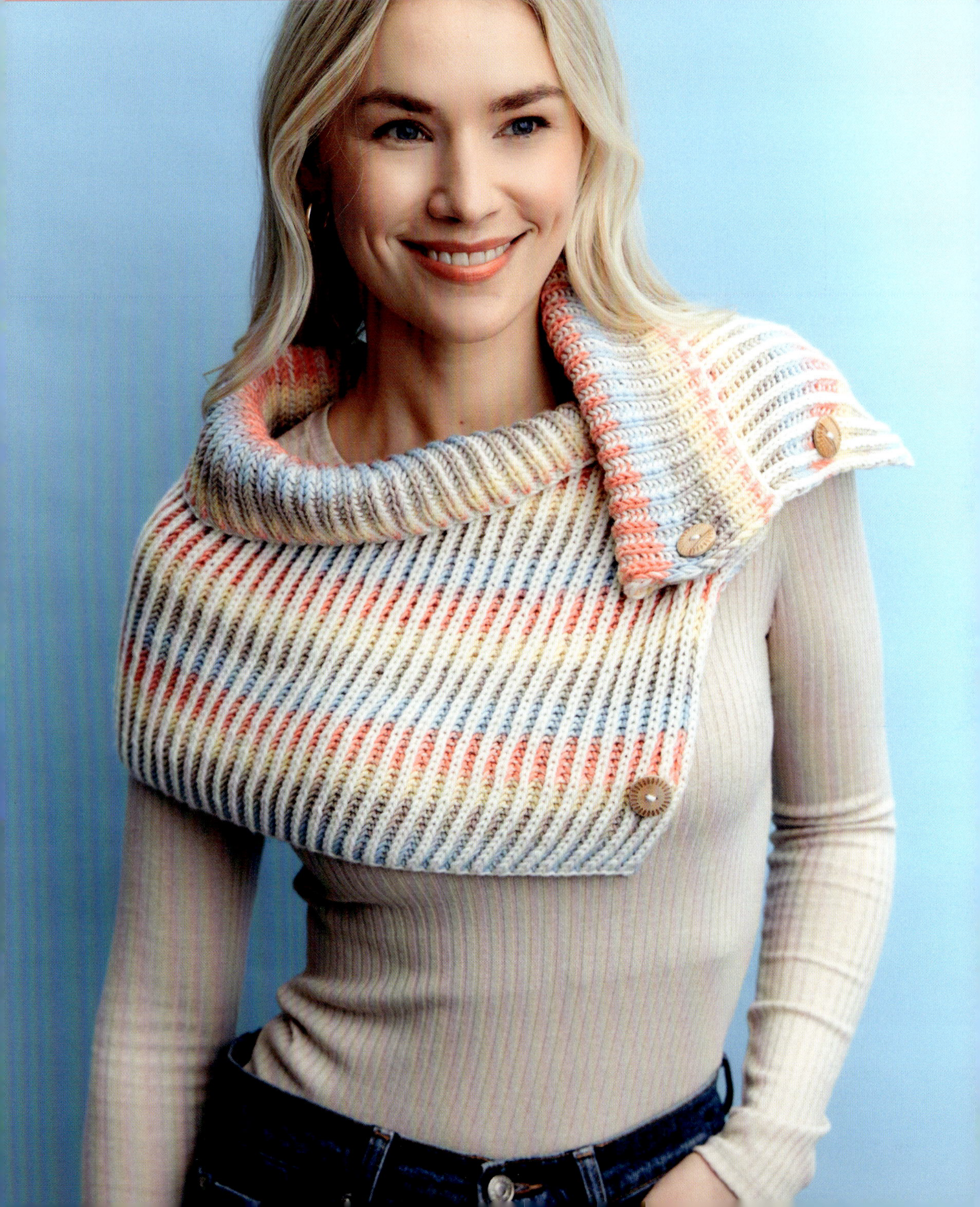

Typisch nordisch

Kragenschal mit Einstrickmuster

Bündchenmuster
In R oder Rd 2 M rechts, 2 M links im Wechsel str.

Glatt rechts
In Hinr oder Rd rechte M, in Rückr linke M str.

Randmaschen
Die 1. Rdm in Hinr wie zum Rechtsstr und in Rückr wie zum Linksstr abheben. Die letzte M in Hinr rechts und in Rückr links str.

Kleines Perlmuster
In R 1 M rechts, 1 M links im Wechsel str.

Punktmuster in Runden
M-Zahl teilbar durch 4
Glatt rechts in Jacquardtechnik nach dem Zählmuster str. Den Rapport von 4 M und die 1.-6. R gemäß Anleitung fortlaufend wdh.

Punktmuster in Reihen
M-Zahl teilbar durch 4 + 3 M
Glatt rechts in Jacquardtechnik nach dem Zählmuster str. Die ungeraden R von rechts nach links und die geraden R von links nach rechts lesen. In der 1. R mit dem Rapport beginnen, den Rapport von 4 M gemäß Anleitung fortlaufend wdh und mit den M nach dem Rapport enden. Die 1.-6. R gemäß Anleitung fortlaufend wdh.

Rhombenbordüre
M-Zahl teilbar durch 4
Glatt rechts in Jacquardtechnik nach dem Zählmuster in Rd str. In der 1. R mit dem Rapport beginnen, den Rapport von 4 M gemäß Anleitung fortlaufend wdh und die 1.-23. R 1x arb.

Anleitung
Der Kragenschal wird von oben nach unten gestrickt.
116 M mit Nd 3,5 mm elastisch anschl und zur Rd schließen. Den Rd-Anfang mit einem M-Markierer kennzeichnen und 5 Rd im Bündchenmuster str. Danach zur Nd 4 mm wechseln. Nach dem Punktmuster in Rd weiterarb und den Rapport von 4 M 29x und die 1.-6. Rd 1x arb. Anschließend mit der Rhombenbordüre fortfahren. Den Rapport von 4 M 29x und die 1.-23. Rd 1x str. Danach 1 Rd in Hellbraun arb und dabei die 2. und 3. M sowie die 60. und 61. M rechts zusammenstr (= 114 M).
Nun die Arbeit teilen und die Hälfte der M (= 57 M) stilllegen. Über die andere Hälfte der M in R weiterarb.
* Mit 1 Rdm beginnen und 4 M im kleinen Perlmuster str. Einen M-Markierer setzen und über 47 M das Punktmuster in R beginnend mit der 1. R arb. Dabei den Rapport von 4 M 11x str und mit den 3 M nach dem Rapport enden. 1 M-Markierer setzen, 4 M im kleinen Perlmuster str und die R mit 1 Rdm beenden. In dieser Mustereinteilung weiterarb und dabei das kleine Perlmuster fortlaufend und die 1.-6. R des Punktmusters 8x str. Die Rdm beibehalten und zum Bündchenmuster wechseln. In der 1. R 1x 2 M rechts zusammenstr (= 56 M). Nach 4 R Bündchenmuster die M im Musterverlauf abk.
Die stillgelegten M aufnehmen und die 2. Hälfte in R arb, wie bei der 1. Hälfte ab * beschrieben.

Fertigstellen
Alle Fadenenden vernähen. Den Kragenschal anfeuchten, gleichmäßig spannen und gut trocknen lassen.

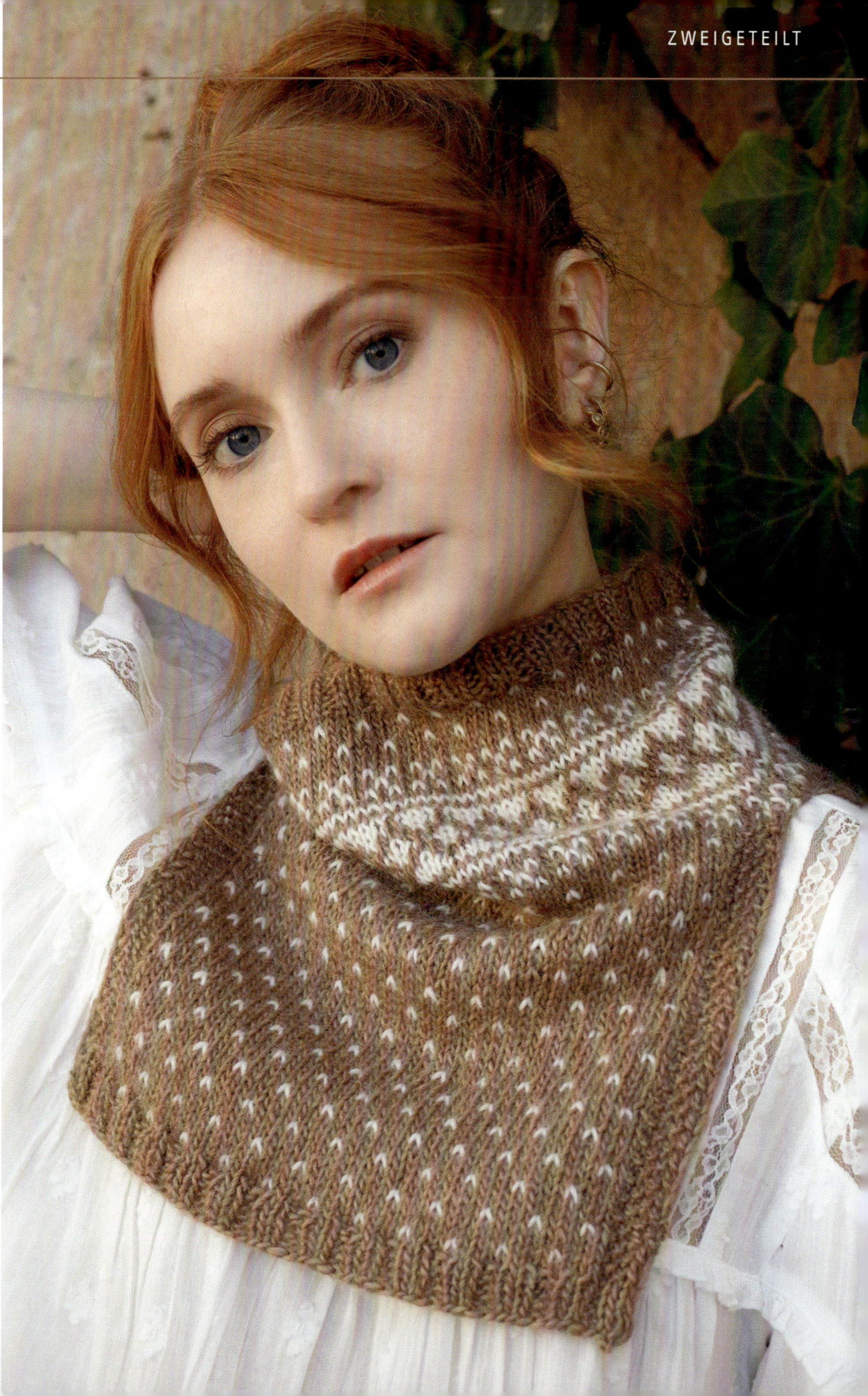

GRÖSSE
26 cm breit,
33 cm lang

MATERIAL

- Woll Butt Primo Alpaka (LL 125 m/50 g) in Hellbraun (Fb 102903), 100 g, in Ecru (Fb 102901), 50 g
- Rundstricknadeln 3,5 mm und 4,0 mm, 40 cm lang
- Maschenmarkierer

MASCHENPROBE
Glatt rechts mit Nd 4,0 mm
22 M und 26 R = 10 cm x 10 cm

STRICKSCHRIFTEN
Vorlagenbogen A

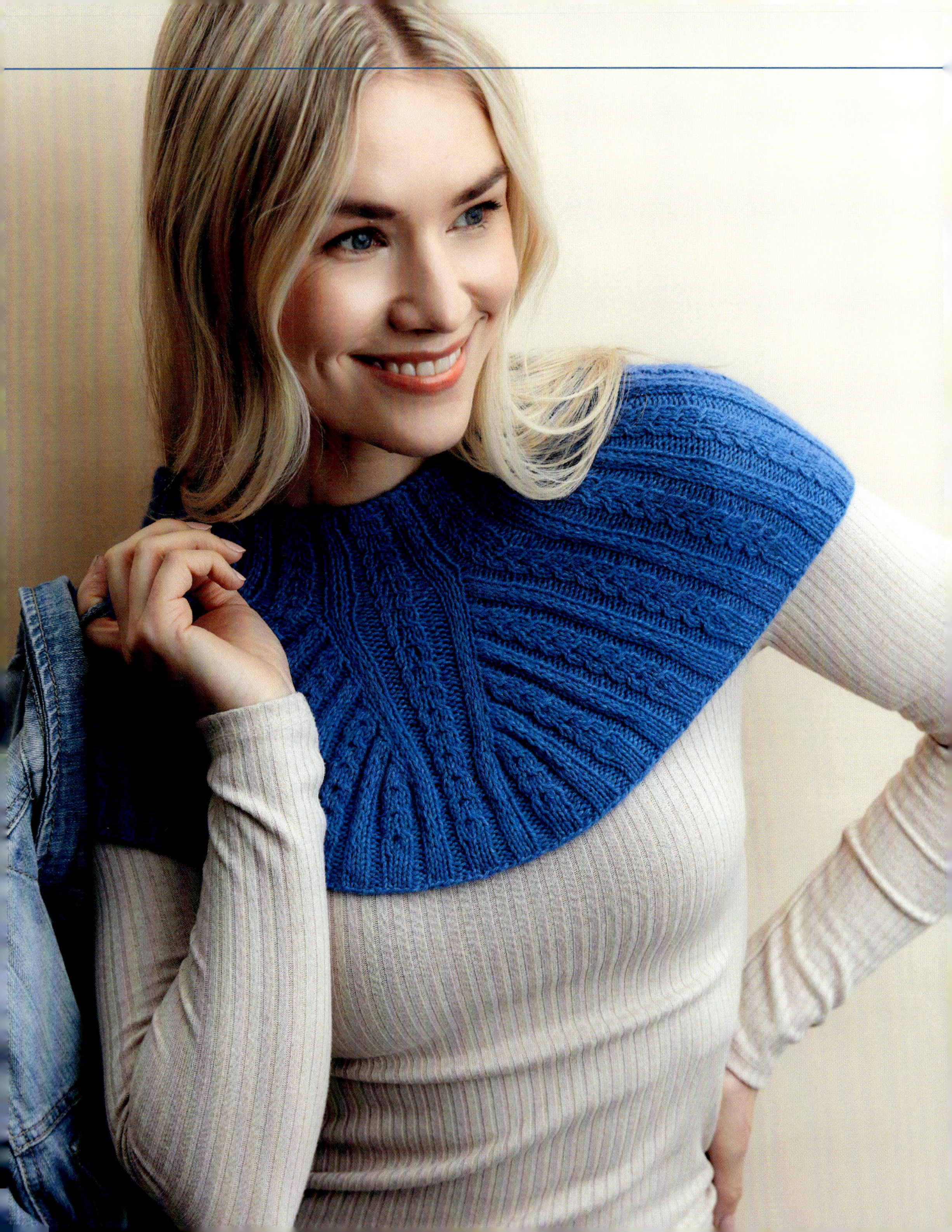

Der Allrounder

Strickkragen mit zartem Zopfmuster

GRÖSSE
Umfang:
oben 54 cm,
unten 104 cm;
20 cm lang

MATERIAL

- Lana Grossa Cashmere Verde (LL 90 m/25 g) in Blau (Fb 11), 75 g
- Rundstricknadeln 3,5 mm, 40 cm und 60 cm lang
- Maschenmarkierer

MASCHENPROBE
Glatt rechts
mit Nd 3,5 mm
22 M und 30 R
= 10 cm x 10 cm

STRICK-SCHRIFTEN
Vorlagenbogen A

Bündchenmuster

M-Zahl teilbar durch 10
Nach der Strickschrift in Rd arb. Den Rapport von 10 M und die 1.-2. Rd gemäß Anleitung fortlaufend wdh.

■	■	■	–	–	■	■	■	–	–	2
■	◢	■	–	–	■	■	■	–	–	1

Rapport = 10 Maschen

■ = 1 Masche rechts
– = 1 Masche links
◢ = 2 Maschen rechts zusammenstricken

Zopf-Rippenmuster A

M-Zahl teilbar durch 9
Nach der Strickschrift in Rd arb. Den Rapport von 9 M und die 1.-4. Rd gemäß Anleitung fortlaufend wdh.

Zopf-Rippenmuster B

M-Zahl teilbar durch 9
Mit den M vor dem Rapport 1 beginnen, den Rapport 1 entsprechend den Angaben in der Anleitung wdh und dann die M zwischen Rapport 1 und 2 str. Anschließend Rapport 2 entsprechend den Angaben in der Anleitung wdh und mit den M nach dem Rapport 2 enden. Die 1.-34. Rd 1x arb.

Zopf-Rippenmuster C

M-Zahl teilbar durch 11
Nach der Strickschrift in Rd arb. Den Rapport von 11 M und die 1.-4. Rd gemäß Anleitung fortlaufend wdh.

Anleitung

Der Kragen wird von oben nach unten gestrickt. Mit der 40 cm langen Rundstricknadel 153 M elastisch anschl und zur Rd schließen. Den Rd-Anfang mit einem M-Markierer kennzeichnen und im Zopf-Rippenmuster A arb. Den Rapport von 9 M 17x und die 1.-4. Rd 6x str. Zu Zopf-Rippenmuster B wechseln. Mit den M vor dem 1. Rapport beginnen und diesen 8x str. Dann die M zwischen 1. und 2. Rapport str und anschließend den 2. Rapport 7x arb.
Mit den M nach dem Rapport 2 enden und nach der 1. Rd zur 60 cm langen Rundstricknd wechseln. Die 1.-34. Rd 1x arb (= 253 M).
Mit Zopf-Rippenmuster C fortfahren und den Rapport von 11 M 23x str. Die 1.-4. Rd 2x und die 1.-3. Rd 1x arb. Danach im Bündchenmuster weiterarb und den Rapport von 10 M 23x str. Die 1. und 2. Rd 1x arb (= 230 M) und die 2. Rd noch 4x wdh. Anschließend alle M abk.

Fertigstellen

Die Fadenenden vernähen. Den Kragen anfeuchten, gleichmäßig spannen und gut trocknen lassen.

Maritimer Charme

geknöpfter Kragen im Perlmuster

GRÖSSE
32 cm breit, 95 cm lang

MATERIAL
- Schachenmayr Tuscany Tweed (LL 170 m/50 g) in Jeans (Fb 52), 200 g
- 2 Metallknöpfe in Altsilber, ø 22 mm
- Stricknadeln 4,5 mm

MASCHENPROBE
Glatt rechts mit Nd 4,5 mm und doppeltem Faden
14 M und 24 R = 10 cm x 10 cm

Randmaschen

Die 1. Rdm in Hinr wie zum Rechtsstr und in Rückr wie zum Linksstr abheben. Die letzte M in Hinr rechts und in Rückr links str.

Großes Perlmuster

M-Zahl teilbar durch 2
1. R (= Rückr): 1 M links und 1 M rechts im Wechsel str.
2.+3. R: 1 M rechts, 1 M links im Wechsel str.
4.+5. R: 1 M links, 1 M rechts im Wechsel str.

Anleitung

Mit doppeltem Faden 50 M anschl. In der 1. R (= Rückr) 1 Rdm, 48 M im großen Perlmuster und 1 Rdm str. Im großen Perlmuster weiterstr und die 2.–5. R fortlaufend wdh, dabei jede R mit 1 Rdm beginnen und beenden. Für die Knopflöcher bei einer Gesamtlänge von 92 cm in 1 Hinr die 4. M sowie die 25. M abk und in der Rückr an diesen Stellen wieder je 1 M aufstr. Weitere 4 R mustergemäß arb und anschließend alle M im Musterverlauf abk. Die Position der beiden Knöpfe ermitteln und diese annähen.

Fertigstellen

Die Fadenenden vernähen. Den Kragen anfeuchten, gleichmäßig spannen und gut trocknen lassen.

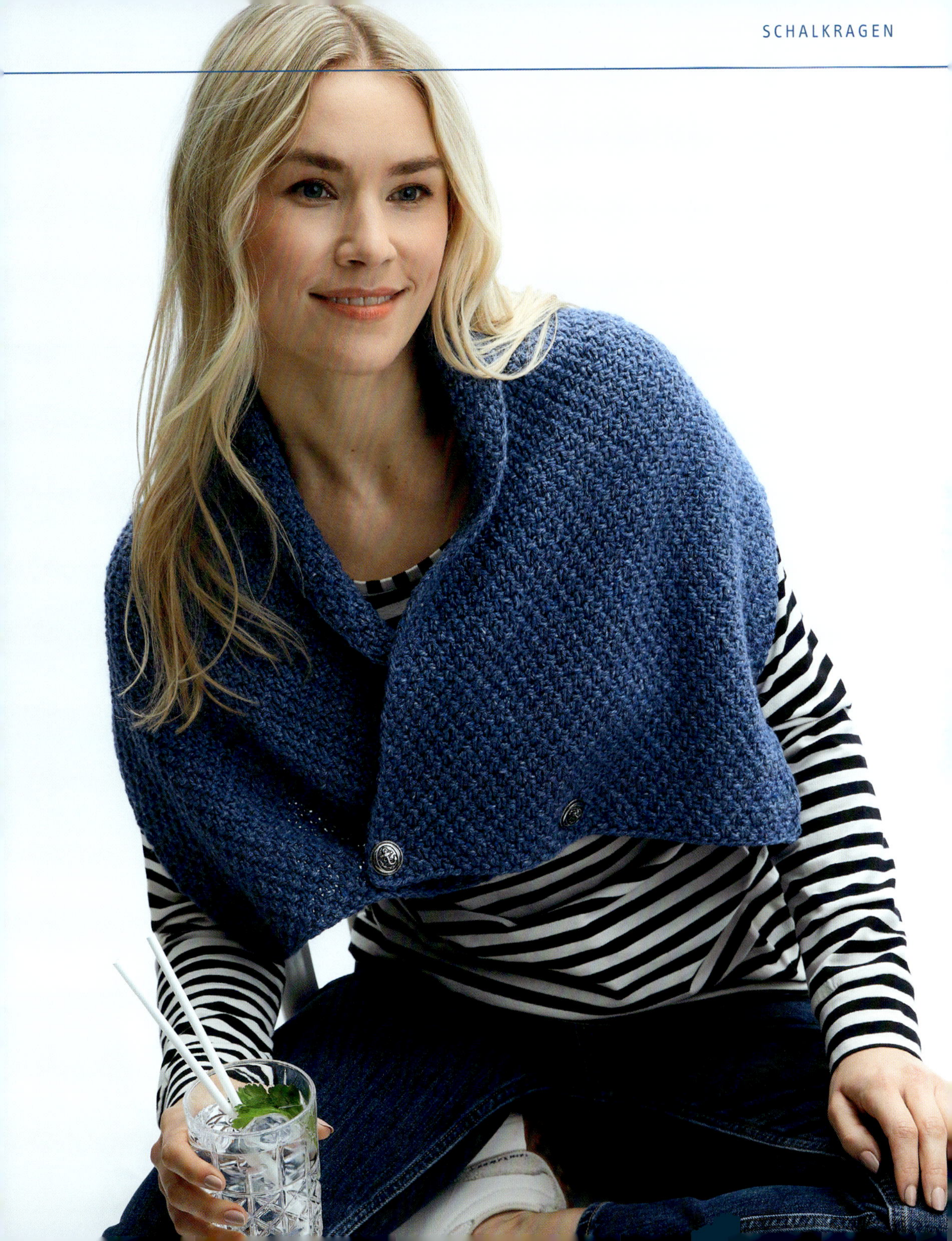

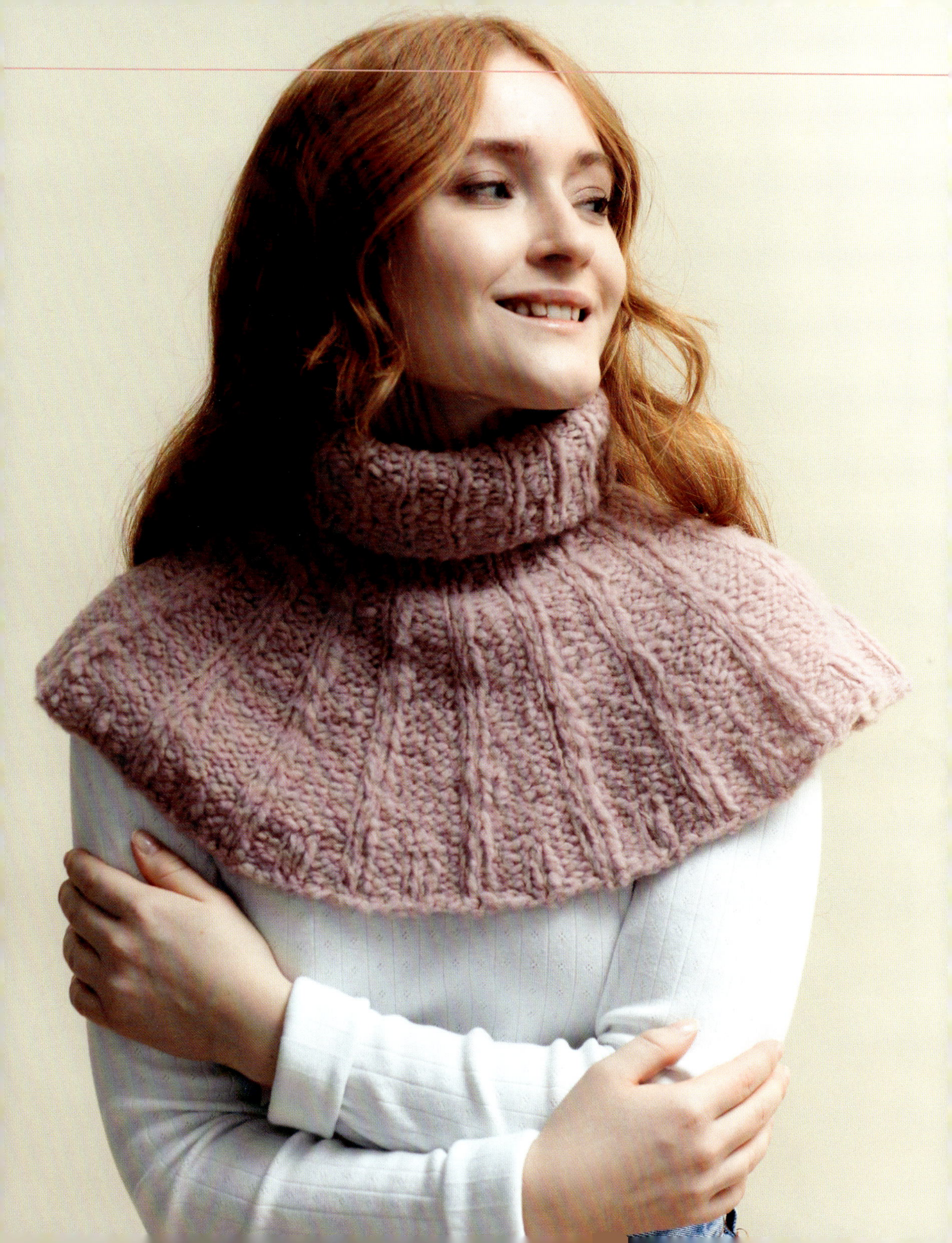

Herrlich weich

Kragenschal mit Rollkragen und Rundpasse

GRÖSSE
Rollkragen:
Umfang 40 cm (Kopfumfang bis 58 cm),
16 cm lang

Rundpasse: Umfang unten 120 cm,
20 cm lang

MATERIAL

- Lang Yarns Phoenix (LL 270 m/100 g) in Altrosa (Fb 48), 100 g
- Rundstricknadeln 6 mm, 40 cm, 60 cm und 80 cm lang
- Maschenmarkierer

MASCHENPROBE
2 M rechts, 2 M links im Wechsel
mit Nd 6 mm
9 M und 15 R
= 10 cm x 10 cm

Rippenmuster A

M-Zahl teilbar durch 3
In Rd 2 M rechts, 1 M links im Wechsel str.

Rippenmuster B

1. Rd: 2 M rechts, 1 U, 1 M links im Wechsel str.
2. Rd: 2 M rechts, den U der Vorrd links verschränkt abstr, 1 M links im Wechsel str.
3.-5. Rd: 2 M rechts, 2 M links im Wechsel str.

Rippenmuster C

1. Rd: 2 M rechts, 1 U, 2 M links im Wechsel str.
2. Rd: 2 M rechts, den U der Vorrd links verschränkt abstr, 2 M links im Wechsel str.
3.-5. Rd: 2 M rechts, 3 M links im Wechsel str.

Rippenmuster D

1. Rd: 2 M rechts, 1 U, 3 M links im Wechsel str.
2. Rd: 2 M rechts, den U der Vorrd links verschränkt abstr, 3 M links im Wechsel str.
3.-5. Rd: 2 M rechts, 4 M links im Wechsel str.

Rippenmuster E

1. Rd: 2 M rechts, 1 U, 4 M links im Wechsel str.
2. Rd: 2 M rechts, den U der Vorrd links verschränkt abstr, 4 M links im Wechsel str.
3.-5. Rd: 2 M rechts, 5 M links im Wechsel str.

Rippenmuster F

1. Rd: 2 M rechts, 1 U, 5 M links im Wechsel str.
2. Rd: 2 M rechts, den U der Vorrd links verschränkt abstr, 5 M links im Wechsel str.
3.-5. Rd: 2 M rechts, 6 M links im Wechsel str.

Rippenmuster G

1.-5. Rd: 2 M rechts, 2 M links im Wechsel str.

Anleitung

Der Kragenschal wird von oben nach unten gestrickt. Mit der 40 cm langen Rundstricknadel 54 M elastisch anschl und zur Rd schließen. Den Rd-Anfang mit einem M-Markierer kennzeichnen und im Rippenmuster A einen 16 cm hohen Rollkragen arb.
Anschließend mit den Zunahmen für die Passe beginnen. Nacheinander je 5 Rd in Rippenmuster B und C str (= 90 M). Zur 60 cm langen Rundstricknd wechseln und zunächst 5 Rd in Rippenmuster D und danach 5 Rd in Rippenmuster E arb (= 126 M). Mit der 80 cm langen Rundstricknd weiterarb und nacheinander je 5 Rd in Rippenmuster F (= 144 M) und G str. Die M im Musterverlauf abk.

Fertigstellen

Die Fadenenden vernähen. Den Kragenschal anfeuchten, gleichmäßig spannen und gut trocknen lassen.

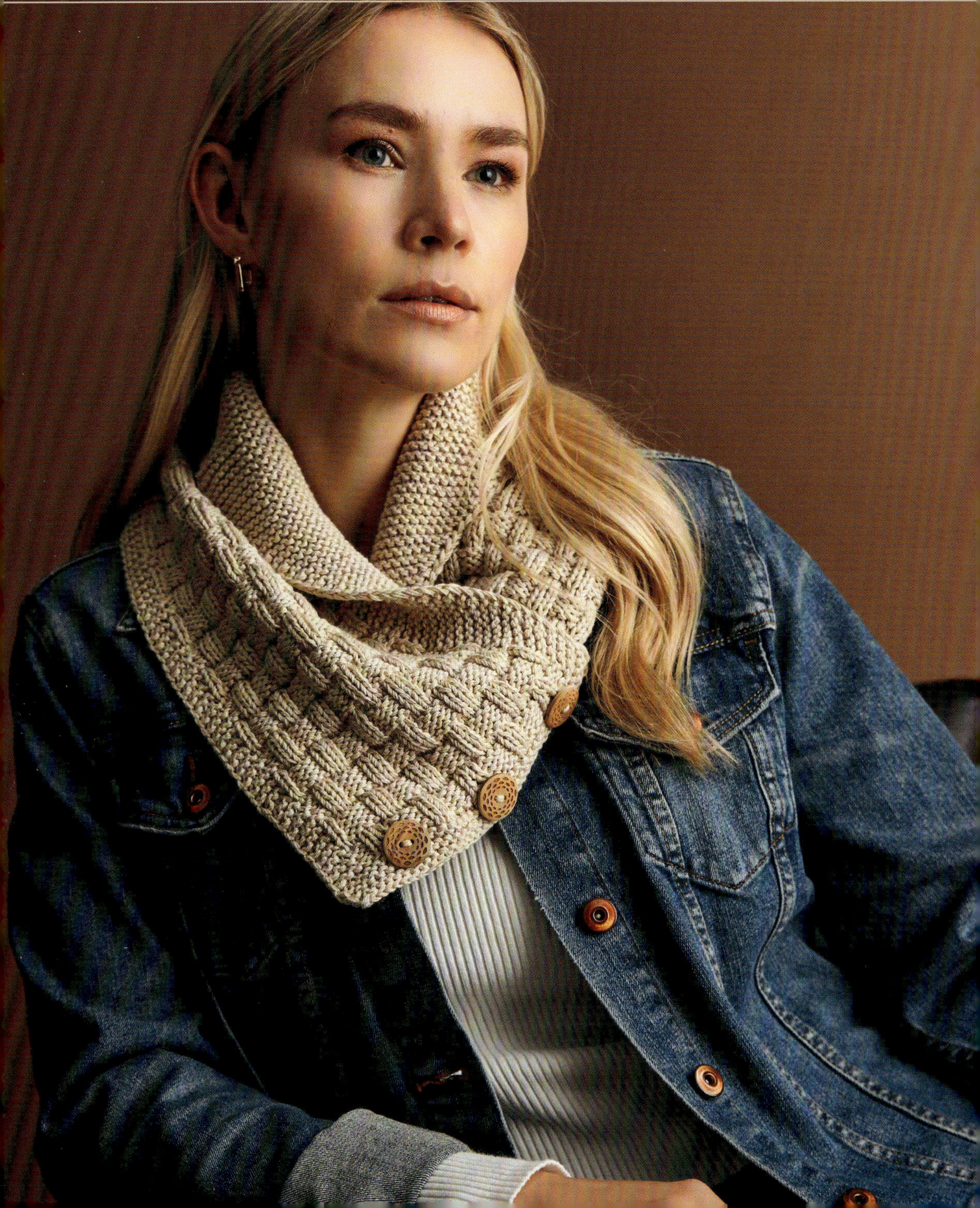

Naturlook mit Flechtstruktur

Kragenschal mit angestricktem Kragen

GRÖSSE
18 cm breit
(mit Kragen 27 cm),
81 cm lang

MATERIAL
- Schachenmayr Punto (LL 90 m/50 g) in Sand Color (Fb 15), 150 g
- 3 Holzknöpfe, ø 23 mm
- Stricknadeln 4,0 mm
- Maschenmarkierer

MASCHENPROBE
Glatt rechts
mit Nd 4,0 mm
18 M und 24 R
= 10 cm x 10 cm

STRICKSCHRIFT
Vorlagenbogen A

Randmaschen

Die 1. Rdm in Hinr wie zum Rechtsstr und in Rückr wie zum Linksstr abheben. Die letzte M in Hinr rechts und in Rückr links str.

Kraus rechts

In Hin- und Rückr rechte M str.

Korbmuster

M-Zahl teilbar durch 6
Nach der Strickschrift in R arb. Es sind nur die Hinr gezeichnet, in den Rückr alle M str wie sie erscheinen. Den Rapport von 6 M und die 1.-12. R gemäß Anleitung fortlaufend wdh.

Anleitung

38 M elastisch anschl. Die 1. und die letzte M der R als Rdm arbeiten und 6 R kraus rechts str. Dann mit dem Korbmuster beginnen und zur Abgrenzung nach der 4. und der 30. M je 1 M-Markierer setzen. In folgender Mustereinteilung weiterarb: Vor dem 1. M-Markierer 1 Rdm und 3 M kraus rechts und nach dem 2. M-Markierer 3 M kraus rechts und 1 Rdm str. Zwischen den beiden M-Markierern 30 M im Korbmuster arb, dabei den Rapport des Korbmusters von 6 M 5x str und die 1.-12. R fortlaufend wdh. Gleichzeitig in der 9. R ab Korbmusterbeginn mit den Zunahmen für den angestrickten Kragen beginnen. Auf der linken Seite am Ende der Hinr vor der Rdm 1 M rechts verschränkt zun und diese M in folgenden R kraus rechts str. Diese Zunahme in jeder 2. Hinr (= alle 4 R) wdh, bis insgesamt 16 M zugenommen wurden (= 54 M insgesamt). In der gegebenen Mustereinteilung weiter über alle M str. Nach 200 R ab Korbmusterbeginn mit den Abnahmen für den angestrickten Kragen beginnen. Auf der linken Seite am Ende der Hinr vor der Rdm 2 M rechts zusammenstr und diese Abnahme in jeder 2. Hinr (= alle 4 R) wdh, bis insgesamt 16 M abgenommen wurden (= 38 M insgesamt).
Nach 264 R ab Korbmusterbeginn (= 22x 1.-12.R) das Korbmuster beenden und kraus rechts weiterarb. Dabei in der 1. R (= Hinr) wie folgt 3 Knopflöcher arb: 1 Rdm, 4 M rechts, * 2 M rechts zusammenstr, 3 U, 2 M rechts überzogen zusammenstr, 8 M rechts *; von * bis * noch 1x wdh, 2 M rechts zusammenstr, 3 U, 2 M rechts überzogen zusammenstr, 4 M rechts und 1 Rdm. In der Rückr jeweils den 1. U fallen lassen, den 2. U rechts und den 3. U rechts verschränkt abstr und alle anderen M bis auf die Rdm rechts str. Noch 4 R kraus rechts str und dann alle M abk. Die Position der Knöpfe auf der rechten Schalseite ermitteln und die 3 Knöpfe annähen.

Fertigstellen

Die Fadenenden vernähen. Den Kragenschal anfeuchten, gleichmäßig spannen und gut trocknen lassen.

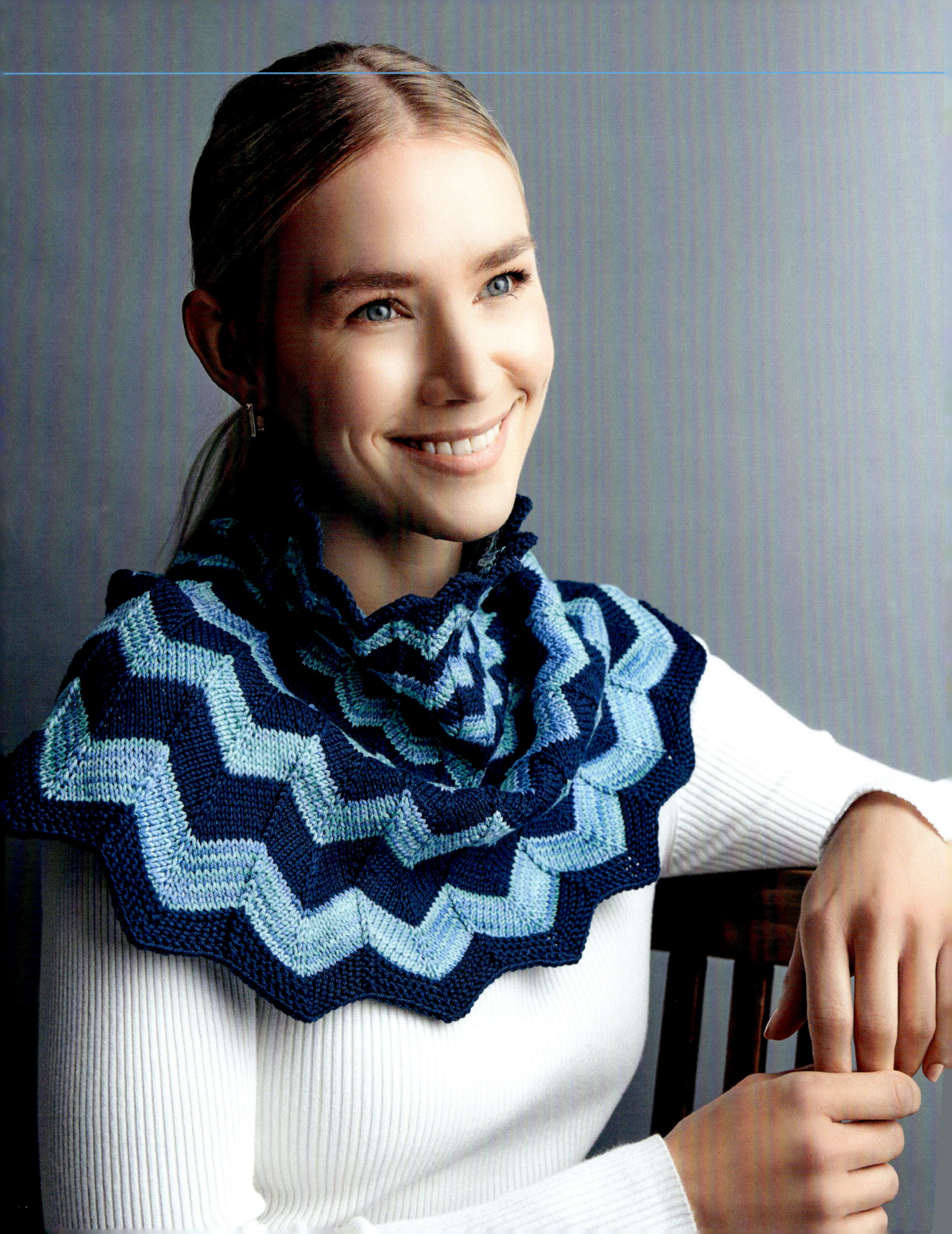

Auf Zack

Kragenschal mit Rundpasse im Zickzack-Muster

GRÖSSE
Umfang:
oben 52 cm,
unten 120 cm;
34 cm lang

MATERIAL
- Schachenmayr Catania (LL 125 m/50 g) in Marine (Fb 124), 100 g
- Schachenmayr Catania Color (LL 125 m/50 g) in Aqua Color (Fb 226), 100 g
- Rundstricknadeln 2,5 mm, 40 cm, 60 cm und 80 cm lang
- Maschenmarkierer

MASCHENPROBE
Glatt rechts mit Nd 2,5 mm
22 M und 34 R
= 10 cm x 10 cm

STRICK-SCHRIFTEN
Vorlagenbogen B

Zickzack-Muster A
M-Zahl teilbar durch 10
Nach der Strickschrift in Rd arb. Den Rapport von 10 M und die 1. und 2. Rd gemäß Anleitung fortlaufend wdh.

Zickzack-Muster B
M-Zahl teilbar durch 14
Nach der Strickschrift in Rd arb. Den Rapport von 10-20 M und die 1.-88. Rd gemäß Anleitung wdh.

Zickzack-Muster C
M-Zahl teilbar durch 20
Nach der Strickschrift in Rd arb. Rapport von 20 M und die 1.-2. R gemäß Anleitung fortlaufend wdh.
Die M dann gemäß den Angaben in der Strickschrift elastisch abk.

Anleitung
Der Kragen wird von oben nach unten gestrickt. Mit der 40 cm langen Rundstricknadel 160 M in Marine elastisch anschl und zur Rd schließen. Die Anschlagkante dabei nicht verdrehen und den Rd-Anfang mit einem M-Markierer kennzeichnen. In Marine weiterarb und 1 Rd rechte M und 1 Rd linke M str. Danach im Zickzack-Muster A arb und den Rapport von 10 M 16x und die 1.-2. Rd 2x str.
Nach Zickzack-Muster B weiterarb und mit den Farbwechseln beginnen. Den Rapport in jeder Rd 16x wdh. Die 1. und 2. Rd zunächst 3x in Aqua Color und danach 3x in Marine str. Diesen Farbwechsel noch 1x wdh und anschließend die 1. und 2. Rd noch 3x in Aqua Color arb (= 30 Rd Muster B insgesamt).
Mit den Zunahmen für die Rundpasse beginnen und nach Bedarf zunächst zur 60 cm und danach zur 80 cm langen Nd wechseln. Die 31. und 32. Rd 1x in Marine und die 33. und 34. Rd 2x in Marine und 3x in Aqua Color str (= 42 Rd Muster B insgesamt). Danach die 43. und 44. Rd 1x in Marine und die 45. und 46. Rd 3x in Marine und 4x in Aqua Color str (= 58 Rd Muster B insgesamt). Nun die 59. und 60. Rd 1x in Marine und die 61. und 62. Rd 3x in Marine und 4x in Aqua Color str (= 74 Rd Muster B insgesamt).
Anschließend die 75. und 76. Rd 1x und die 77. und 78. Rd 4x in Marine str (= 84 Rd Muster B insgesamt). Danach die 85.-86. Rd 1x und die 87.-88. Rd 4x in Aqua Color str (= 94 Rd Muster B insgesamt).
Für die Abschlusskante zu Zickzack-Muster C wechseln und die 1.-2. Rd 4x in Marine arb.
Die M dann gemäß den Angaben in der Strickschrift elastisch abk.

Fertigstellen
Die Fadenenden vernähen. Den Kragen anfeuchten, gleichmäßig spannen und gut trocknen lassen.

Vintage-Look

Kragenschal mit geknöpfter Rundpasse

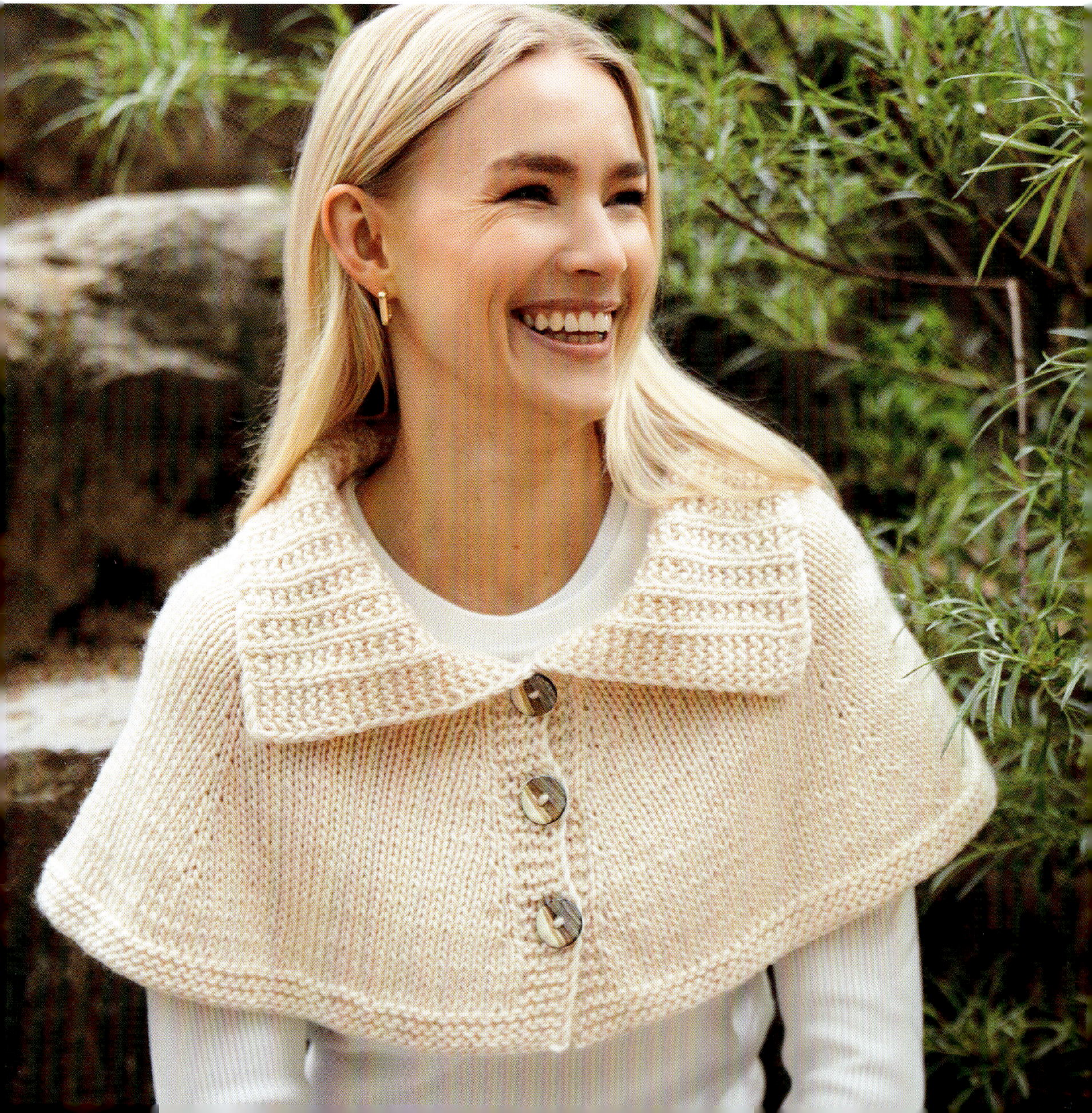

GRÖSSE
Kragen: 58 cm breit, 14 cm lang

Umfang unten: 140 cm;

24 cm lang (ab Kragen)

MATERIAL
- Woll Butt Primo Lucia (LL 60 m/50 g) in Wollweiß (Fb 102570), 250 g
- 3 Knöpfe in Braun-Creme, ø 25 mm
- Rundstricknadel 6,0 mm, 80 cm lang
- Maschenmarkierer

MASCHENPROBE
Glatt rechts mit Nd 6,0 mm
15 M und 20 R
= 10 cm x 10 cm

Randmaschen
Die 1. Rdm in Hinr wie zum Rechtsstr und in Rückr wie zum Linksstr abheben. Die letzte M in Hinr rechts und in Rückr links str.

Glatt rechts
In Hinr rechte M, in Rückr linke M str.

Kraus rechts
In Hin- und Rückr rechte M str.

Perl-Rippenmuster
M-Zahl teilbar durch 3 + 1 M
Nach der Strickschrift in R arb. Es sind nur die Hinr gezeichnet, in den Rückr alle M links str. Den Rapport von 3 M gemäß Anleitung fortlaufend wdh und mit der M nach dem Rapport enden. Die 1. und 2. R stets wdh.

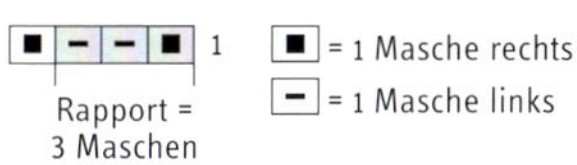

Anleitung
Der Kragenschal wird von oben nach unten gestrickt. 89 M elastisch anschl. Zur Kennzeichnung der Mustereinteilung nach den ersten und vor den letzten 5 M je einen M-Markierer setzen. Für die Blenden vor dem 1. M-Markierer 1 Rdm und 4 M kraus rechts und nach dem 2. M-Markierer 4 M kraus rechts und 1 Rdm str. Zwischen den M-Markierern 79 M im Perl-Rippenmuster arb. Den Rapport von 3 M 26x str und mit der M nach dem Rapport enden. Die 1. und 2. R stets wdh. Nach insgesamt 30 R für den Kragenumbruch über alle M außer den Rdm 4 R kraus rechts und 1 R linke M str. Die eigentlich folgende Rückr wird zur neuen Hinr. Zur Kennzeichnung der Positionen für die Zunahmen zusätzlich zu den beiden bereits gesetzten M-Markierern zur Kennzeichnung der Blenden die 17., 31., 45., 59. und 73. M mit je einem M-Markierer kennzeichnen. Das Muster der Blenden beibehalten und zwischen den Blenden glatt rechts str. Gleichzeitig in der 1. R (= Hinr) mit den Zunahmen beginnen: Vor und nach den 5 neu gesetzten M-Markierern sowie nach dem 1. und vor dem letzten M-Markierer der R je 1 U auf die Nd nehmen und diesen in der folgenden Rückr links verschränkt abstr (= 12 zugenommene M je R). Diese Zunahme in jeder 2. Hinr (= alle 4 R) noch 8x wdh und gleichzeitig in die Blende am Ende der 3. R das 1. Knopfloch arb. Hierfür in der Hinr nach dem letzten M-Markierer 2 M rechts und 2 U arb, 2 M rechts überzogen zusammenstr und 1 Rdm arb. In der Rückr 1 Rdm und 1 M rechts str., den 1. U fallen lassen, den 2. U rechts abstr und die beiden folgenden M rechts arb. In gleicher Weise am Ende der 17. und der 31. R noch je 1 Knopfloch einarb.
Nach der 9. Zunahme (= insgesamt 197 M) und der Rückr danach (= 34. R) noch 4-6 R ohne Zunahmen arb. Anschließend für die Abschlussblende über alle M außer den Rdm 6 R kraus rechts str und die M dann abk. Die Position der 3 Knöpfe auf der Blende ermitteln und diese annähen.

Fertigstellen
Die Fadenenden vernähen. Den Kragenschal anfeuchten, gleichmäßig spannen und gut trocknen lassen.

Edler Glanz

Kragenschal mit Knopfleiste

GRÖSSE
37 cm breit (oben), 28 cm breit (unten), 42 cm lang (mit Kragen), Umfang Kragen: 56 cm

MATERIAL
- Woll Butt Primo Ellen (LL 80 m/50 g) in Hellgrau, 200 g
- 5 Knöpfe in Altsilber, ø 15 mm
- Rundstricknadel 4,5 mm, 80 cm lang
- Maschenmarkierer

MASCHENPROBE
Glatt rechts mit Nd 4,5 mm
18 M und 24 R
= 10 cm x 10 cm

Rippenmuster

2 M rechts, 2 M links im Wechsel str.

Glatt rechts

In Hinr rechte M, in Rückr linke M str.

Blendenmuster

M-Zahl teilbar durch 2 + 1
In Hin- und Rückr 1 M rechts, 1 M links im Wechsel str und mit 1 M rechts enden.

Anleitung

Der Kragen wird von oben nach unten gestrickt. 114 M elastisch anschl und nach den ersten und vor den letzten 4 M je einen M-Markierer setzen, um die Blende zu kennzeichnen. Vor dem 1. M-Markierer 1 Rdm und 3 M im Blendenmuster und nach dem 2. M-Markierer 3 M im Blendenmuster und 1 Rdm str. Zwischen den M-Markierern 106 M im Rippenmuster arb und mit 2 M rechts enden.

In dieser Mustereinteilung 20 R für den Kragen str und dabei am Ende der 9. und der 19. R (= Hinr) innerhalb des Blendenmusters je 1 Knopfloch arb. Hierfür jeweils nach der 1. M der Blende 1 U auf die Nd nehmen und anschließend die 2.+3. M rechts überzogen zusammenstr. In der Rückr den U links verschränkt abstr.

In der 21. R (= Hinr) mit der neuen Musterverteilung und den Zunahmen beginnen. Hierfür nach der 18., 40., 74. und 96. M je 1 neuen M-Markierer setzen. Vor dem 1. und nach dem letzten M-Markierer der R das Blendenmuster beibehalten. Zwischen dem 2. und 3. sowie dem 4. und 5. M-Markierer das Rippenmuster für die Schulter fortführen. Zwischen dem 1. und 2., dem 3. und 4. sowie dem 5. und letzten M-Markierer der R glatt rechts str. Für die Zunahmen vor dem 2. und 4. sowie nach dem 3. und 5. M-Markierer je 1 U auf die Nd nehmen und diesen in der folgenden Rückr links verschränkt abstr. Diese Zunahmen in jeder Hinr noch 9x wdh (= 154 M) und gleichzeitig am Ende der 29. und 39. R je 1 Knopfloch arb. Die Zunahmen noch 3 weitere Male in jeder Hinr wdh, doch dabei über die zugenommenen M im Blendenmuster weiterarb (= 166 M nach 46 R).

Nun die mittleren 4 M-Markierer entfernen und Vorder- und Rückenteil getrennt weiterarb. Mit der linken Vorderteilhälfte beginnen. Die ersten 32 M auf der Nd belassen und die restlichen M stilllegen. Das Muster der 4 M vor dem 1. M-Markierer beibehalten, danach 24 M glatt rechts str, 1 M-Markierer setzen und nach diesem 3 M im Blendenmuster und 1 Rdm arb. In dieser Musterverteilung insgesamt 10 R bis zum Ende der Mittelblende str und gleichzeitig am Ende der 3. und 9. R die letzten 2 M vor dem 2. M-Markierer rechts zusammenstr (= 30 M). Den Faden abschneiden und die 30 M stilllegen. Von den stillgelegten M, die im Verlauf der R als nächstes folgen, 82 M wieder aufnehmen. Für die Schulter die ersten 20 M davon im Musterverlauf elastisch abk. Über die restlichen 62 M weiterarb und nach der 4. und der 58. M je 1 M-Markierer setzen. Vor dem 1. M-Markierer 1 Rdm und 3 M im Blen-

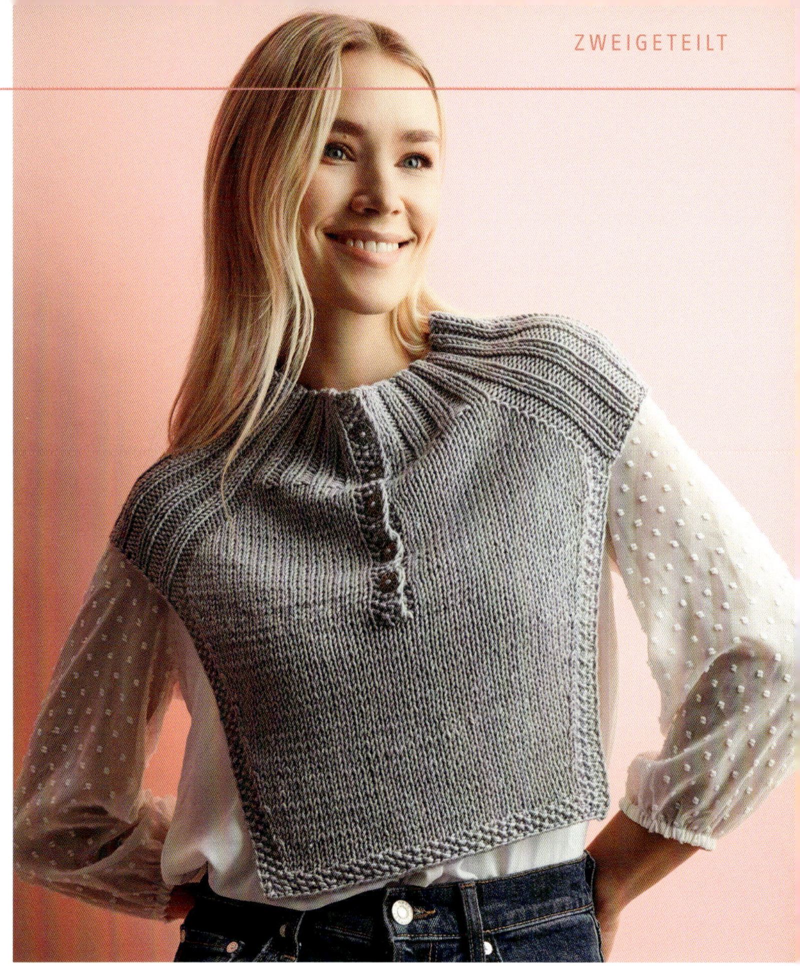

denmuster str und nach dem 2. M-Markierer 3 M im Blendenmuster und 1 Rdm arb. Zwischen den M-Markierern glatt rechts str und gleichzeitig in der 3. R und danach noch 7x in jeder 6. R die ersten 2 M nach dem 1. M-Markierer rechts überzogen zusammenstr und die letzten 2 M vor dem 2. M-Markierer rechts zusammenstr (= 46 M). Für die Abschlussblende nach 50 R ab Teilung im Blendenmuster über alle M mit Ausnahme der Rdm weiterarb und dabei in der 1. R die ersten 2 M nach der 1. Blende links zusammenstr (= 45 M). Nach 6 R im Blendenmuster alle M abk.

Die übrigen stillgelegten M aufnehmen und die ersten 20 M davon für die 2. Schulter im Musterverlauf elastisch abk. Über die restlichen 32 M die rechte Vorderteilhälfte arb. 1 Rdm und 3 M im Blendenmuster str, 1 M-Markierer setzen, bis zum letzten M-Markierer vor der Mittelblende 24 M glatt rechts str und nach dem M-Markierer mit 3 M im Blendenmuster und 1 Rdm enden.

In dieser Musterverteilung 10 R bis zum Ende der Mittelblende str und gleichzeitig am Anfang der 3. R die ersten 2 M nach dem 1. M-Markierer rechts überzogen zusammenstr, am Ende der 3. R das 5. Knopfloch und am Anfang der 9. R 1 weitere Abnahme arb (= 30 M).

Anschließend die M-Markierer der Mittelblenden entfernen, beide Vorderteilhälften zusammennehmen und die Mittelblende der rechten Hälfte über die Mittelblende der linken Hälfte legen. Von der rechten Hälfte aus über die M beider Hälften im Musterverlauf weiterarb und dabei in der 1. R in der Mitte 4x je 1 M der rechten Mittelblende mit 1 M der linken Mittelblende mustergemäß zusammenstr (= 56 M).

Nach 4 R und danach noch 5x in jeder 6. R die ersten 2 M nach dem 1. M-Markierer rechts überzogen und die letzten 2 M vor dem 2. M-Markierer rechts zusammenstr (= 44 M). Für die Abschlussblende nach 50 R ab Teilung im Blendenmuster über alle M weiterarb und dabei in der 1. R die ersten 2 M nach der 1. Blende links zusammenstr (= 43 M). Nach 6 R Blendenmuster alle M abk.

Die Position der Knöpfe ermitteln und diese annähen.

Fertigstellen

Die Fadenenden vernähen. Den Kragenschal anfeuchten, gleichmäßig spannen und gut trocknen lassen.

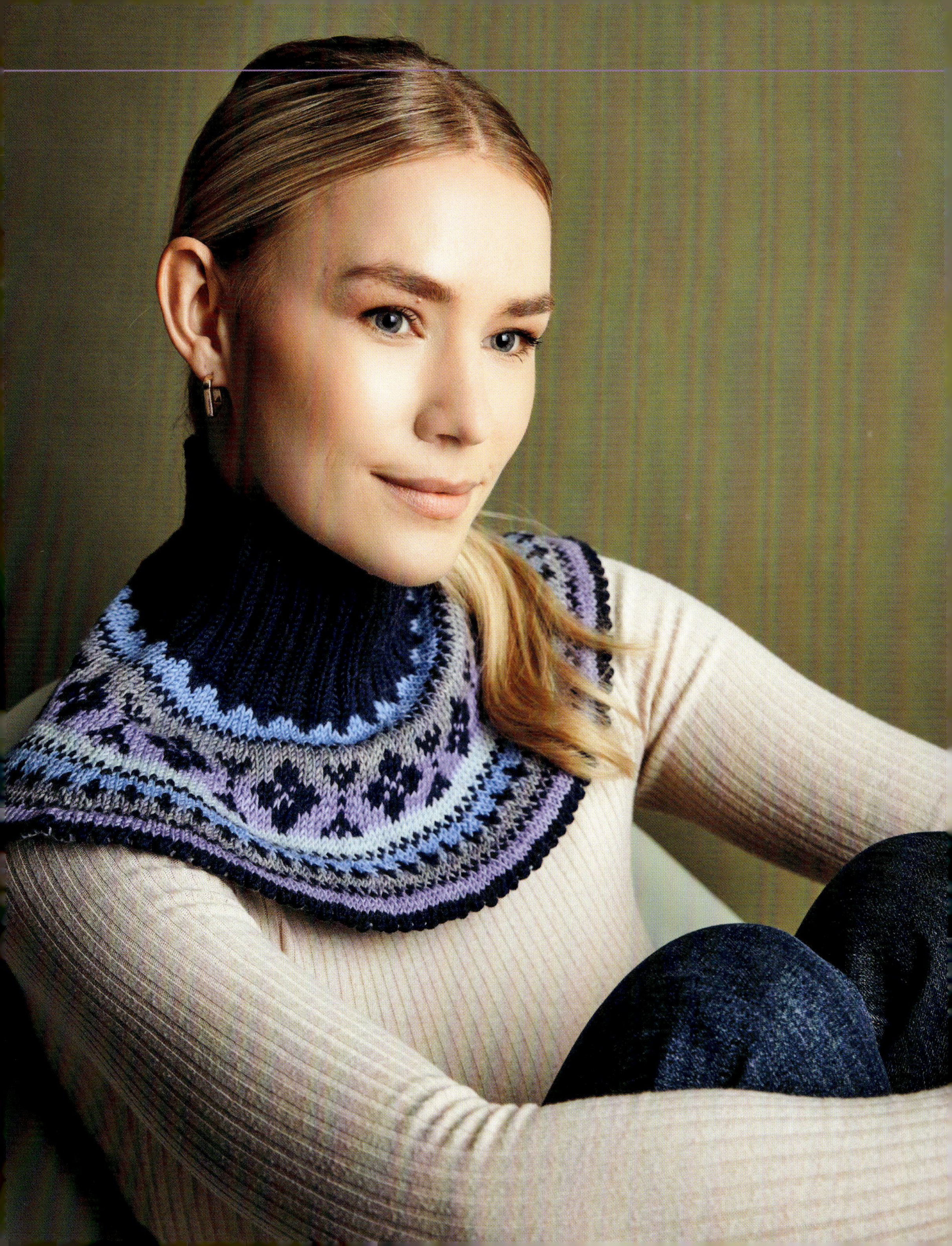

Fair-Isle-Pracht

Kragenschal mit Rundpasse

GRÖSSE

Stehkragen: Umfang 42 cm (Kopfumfang bis 58 cm), 7 cm lang

Umfang unten: 100 cm, 15 cm lang (ab Rollkragen)

MATERIAL

- Schachenmayr Merino Extrafine 120 (LL 120 m/50 g) in Marine (Fb 150), 50 g
- Schachenmayr Merino Extrafine Color 120 (LL 120 m/50 g) in Opal Color (Fb 473), 50 g
- Rundstricknadeln 3,0 mm, 40 cm und 60 cm lang
- Maschenmarkierer

MASCHENPROBE

Glatt rechts mit Nd 3,0 mm
22 M und 30 R = 10 cm x 10 cm

STRICKSCHRIFT

Vorlagenbogen A

Rippenmuster

2 M rechts, 2 M links im Wechsel str.

Glatt rechts

In Rd alle M rechts str.

Jacquardmuster

M-Zahl teilbar durch 10
In allen Rd glatt rechts in Jacquardtechnik nach dem Zählmuster arb. Den nicht verwendeten Faden auf der Rückseite locker mitführen, dabei die Fäden alle 5 M umeinander schlingen, wenn mehr als 5 M überspannt werden. Den Rapport gemäß Anleitung fortlaufend wdh und die 1.-44. Rd 1x arb. Die Zunahmen erfolgen durch U, die in der folgenden Rd rechts verschränkt abgestrickt werden.

Anleitung

Der Kragenschal wird von oben nach unten in Rd gestrickt.
Mit der 40 cm langen Rundstricknadel 120 M in Marine elastisch anschl und zur Rd schließen. Den Rd-Anfang mit einem M-Markierer kennzeichnen und 20 Rd im Rippenmuster in Marine str. Anschließend mit dem Jacquardmuster nach Zählmuster zweifarbig weiterarb. Den Rapport pro Rd 12x str und die 1.-44. Rd 1x arb. Jeden Rapportbeginn mit 1 M-Markierer kennzeichnen. Nach Bedarf zur 60 cm langen Rundstricknd wechseln. Nach der 44. Rd alle M abk. Die letzten 4 Rd entlang der Umbruchkante (40. Rd) aus U und zusammengestrickten M nach innen umschlagen und auf der Rückseite annähen.

Fertigstellen

Die Fadenenden vernähen. Den Kragen anfeuchten, gleichmäßig spannen und gut trocknen lassen.

Immerwährend

langer Kragen mit Vorder- und Rückenteil

GRÖSSE
38 cm breit,
47 cm lang
(ab Schulter)

Rollkragen:
Umfang 46 cm (bis 60 cm Kopfumfang),
11 cm lang

MATERIAL
- Lana Grossa Cool Merino Big (LL 90 m/50 g) in Rost (Fb 213), 200 g
- Stricknadeln 7,0 mm
- Nadelspiel 7,0 mm oder Rundstricknadel 7,0 mm, 40 cm lang
- Maschenmarkierer

MASCHENPROBE
Glatt rechts
mit Nd 7,0 mm
14 M und 20 R
= 10 cm x 10 cm

Randmaschen

Die 1. Rdm in Hinr wie zum Rechtsstr und in Rückr wie zum Linksstr abheben. Die letzte M in Hinr rechts und in Rückr links str.

Glatt rechts

In Hinr rechte M, in Rückr linke M str.

Rippenmuster

2 M rechts, 2 M links im Wechsel str.

Flechtmuster

M-Zahl teilbar durch 6 + 1 M + 2 Rdm
Nach der Strickschrift in R arb. Es sind Hin- und Rückr gezeichnet. Mit der Rdm vor dem Rapport beginnen, den Rapport von 6 M gemäß Anleitung fortlaufend wdh und mit den M nach dem Rapport enden. Die 1.-8. R gemäß Anleitung stets wdh.

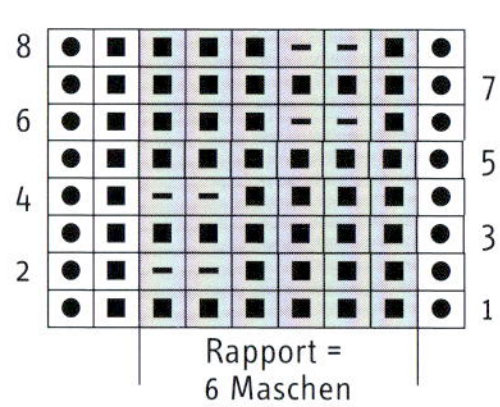

■ = 1 Masche rechts
− = 1 Masche links
● = 1 Randmasche

Anleitung

Der Kragen wird von unten nach oben gestrickt. Für das Rückenteil 57 M elastisch anschl und zunächst über alle M im Flechtmuster arb. Den Rapport von 6 M 9x und die 1.-8. R 2x str. In der folgenden R für die 1. Seitenblende zunächst die Rdm, den Rapport von 6 M 1x und die 1. M nach dem Rapport str und danach 1 M-Markierer setzen. Im Anschluss 41 M glatt rechts arb, einen 2. M-Markierer setzen und für die 2. Seitenblende zuerst den Rapport von 6 M 1x und dann die 2 M nach dem Rapport str. In dieser Mustereinteilung insgesamt 74 R str und die M dann abk.
Das Vorderteil genauso str, jedoch nach 60 R in der Mustereinteilung die mittleren 13 M für den Halsausschnitt abk, die Arbeit teilen und beide Seiten getrennt beenden. Für den Ausschnitt in jeder 2. R noch 1x 3 M, 1x 2 M und 2x 1 M abk. Über die verbliebenen 15 M weitere 4 R arb und die M dann abk. Die 2. Seite gegengleich beenden.
Vorder- und Rückenteil aufeinanderlegen und die Schulternähte schließen.
Für den Kragen aus dem Halsausschnitt mit dem Nadelspiel oder der kurzen Rundstricknadel 88 M auffassen und zur Rd schließen. Den Rd-Anfang mit einem M-Markierer kennzeichnen und bis zur gewünschten Länge im Rippenmuster arb. Die M elastisch abk.

Fertigstellen

Die Fadenenden vernähen. Den Kragen anfeuchten, gleichmäßig spannen und gut trocknen lassen.

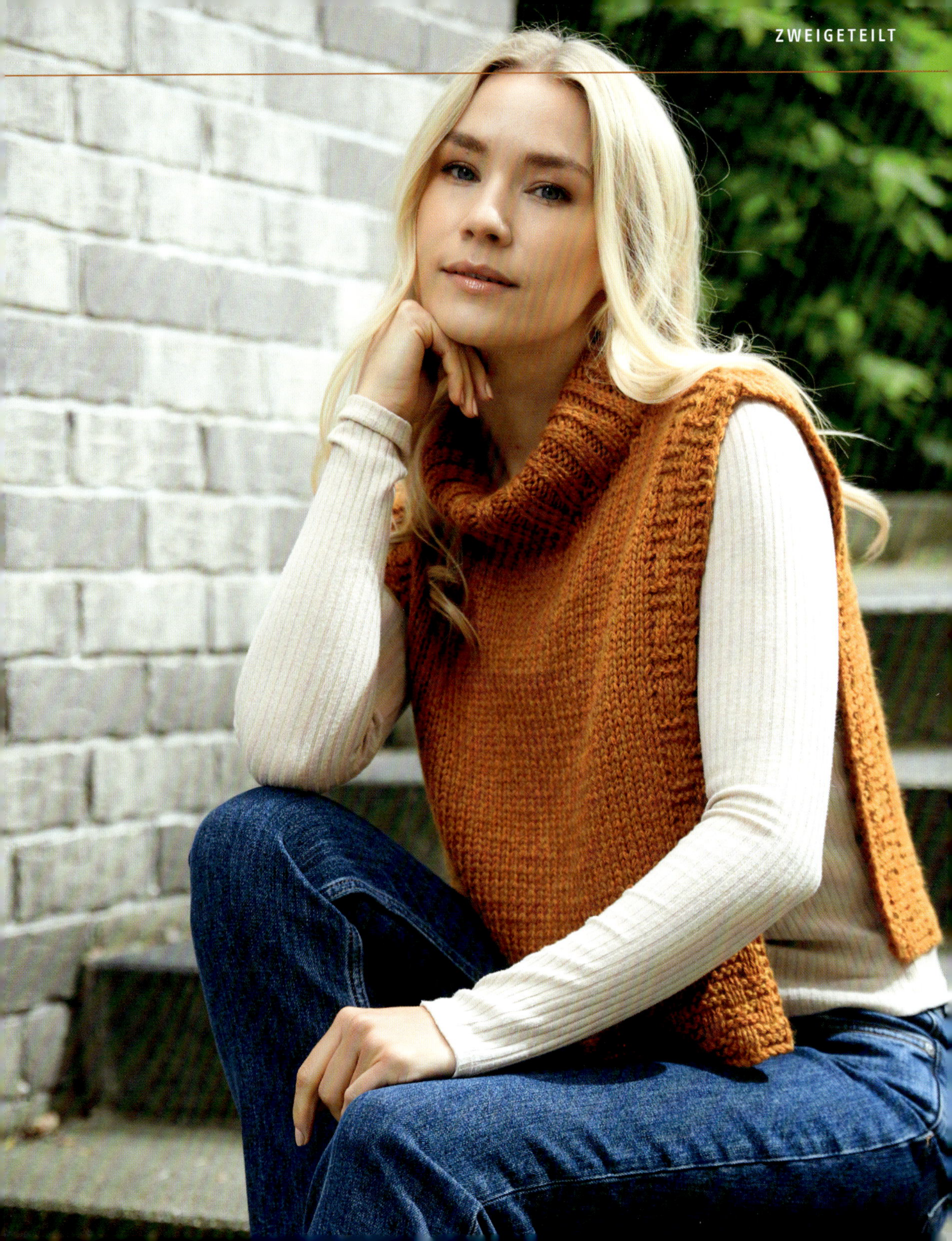

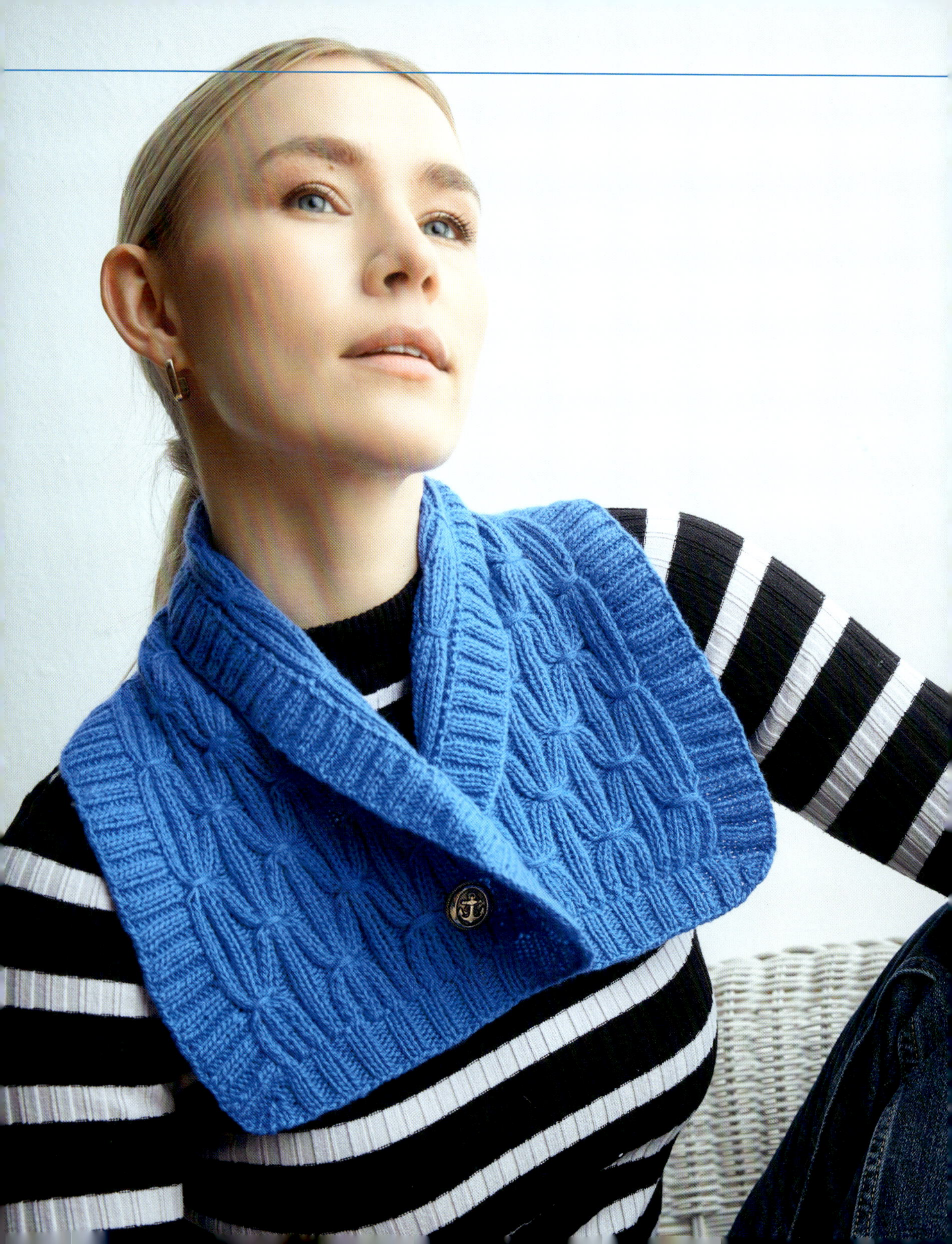

Raffinierte Raffung

Kragen mit einzelnem Knopf

GRÖSSE
20 cm breit,
68 cm lang

MATERIAL
- Lang Yarns Cashmere Premium (LL 115 m/25 g) in Royal (Fb 6), 75 g
- Metallknopf in Altsilber, ø 22 mm
- 2 Rundstricknadeln 3 mm, 80 cm lang
- Hilfsnadel
- Maschenmarkierer

MASCHENPROBE
Glatt rechts
mit Nd 3 mm
24 M und 34 R
= 10 cm x 10 cm

STRICKSCHRIFT
Vorlagenbogen A

Randmaschen

In Hin- und Rückr rechts str.

Rippenmuster

2 M rechts, 2 M links im Wechsel str.

Smokmuster

M-Zahl teilbar durch 16 + 10 m + 2 Rdm
Nach der Strickschrift in R arb. Es sind nur die Hinr gezeichnet, in den Rückr alle M str wie sie erscheinen. Mit den M vor dem Rapport beginnen, den Rapport von 16 M gemäß Anleitung fortlaufend wdh und mit den M nach dem Rapport enden. Die 1.-20. R stets wdh.

Anleitung

31 M anschl. In der Rückr 1 Rdm arb, 1 M links und 1 M rechts im Wechsel str und mit 1 M links und 1 Rdm enden. In der folgenden Hinr wie folgt arb: 1 Rdm, * 1 M rechts, 1 U, 1 M links, 1 U str *; von * bis * noch 13x wdh, 1 M rechts, 1 U, 1 Rdm (= 60 M). Die nächste Rückr str wie folgt: 1 Rdm, * 1 U links verschränkt, 1 M links, 1 U rechts verschränkt, 1 M rechts *; von * bis * noch 13x wdh, 1 U links verschränkt, 1 M links, 1 Rdm.
Nun nach der Strickschrift für das Smokmuster weiterarb. Mit den M vor dem Rapport beginnen, den Rapport von 16 M 3x str und mit den M nach dem Rapport enden. Die 1.-20. R 10x arb. Danach die 1.-16. R noch 1x str und dabei in der 9. R ein Knopfloch einarb: Die 46.-48. M elastisch abk und in der Rückr (= 10. R) erneut elastisch anschl. Anschließend in der nächsten R wie folgt arb: 1 Rdm, * 2 M rechts zusammenstr, 2 M links zusammenstr *; von * bis * noch 13x wdh, 2 M rechts zusammenstr, 1 Rdm (= 31 M). Nun für den Außenrand zusätzlich zu den 31 M auf der Nd entlang der anschließenden Längskante aus jeder Rdm je 1 M aufnehmen (+ 217 M = 248 M). Dann weiter mit der 2. Rundstricknadel aus der Anschlagkante 31 M und aus der 2. Längskante weitere 217 M aufnehmen (= + 248 M auf der 2. Nd = 496 M insgesamt). Die M beider Nd zur Rd schließen und den Rd-Anfang mit 1 M-Markierer kennzeichnen. 2 Rd Rippenmuster über alle M arb. Danach weitere Rd mit je einer Zunahme in jeder Rd an jeder Ecke str und dafür an jeder Ecke je 1 U zusätzlich auf die Nd nehmen. Den U in der folgenden Rd entsprechend dem Musterverlauf links oder rechts verschränkt abstr und gleichzeitig in der Ecke einen weiteren U auf die Nd nehmen. Dies fortlaufend wdh und die neuen M in den Musterverlauf einpassen. Nach insgesamt 7-9 Rd im Rippenmuster alle M abk. Die Position des Knopfes bestimmen und den Knopf annähen.

Fertigstellen

Die Fadenenden vernähen. Den Kragen anfeuchten, gleichmäßig spannen und gut trocknen lassen.

Kuscheltraum

Kragen mit Vorder- und Rückenteil

GRÖSSE
31 cm breit,
29 cm lang (ab Schulter)

Rollkragen:
Umfang 56 cm,
13 cm lang

MATERIAL

- Lana Grossa Alpaca Moda (LL 135 m/50 g) in Flieder (Fb 17), 100 g
- 3 Knöpfe in Weiß, ø 28 mm
- Rundstricknadel 6,0 mm, 80 cm lang
- Maschenmarkierer

MASCHENPROBE
Glatt rechts
mit Nd 6,0 mm
13 M und 24 R
= 10 cm x 10 cm

Randmaschen

Die 1. Rdm in Hinr wie zum Rechtsstr und in Rückr wie zum Linksstr abheben. Die letzte M in Hinr rechts und in Rückr links str.

Glatt rechts

In Hinr rechte M, in Rückr linke M str.

Kraus rechts

In Hin- und Rückr rechte M str.

Rippenmuster

2 M rechts, 2 M links im Wechsel str.

Anleitung

Der Kragen wird von unten nach oben gestrickt. Für das Rückenteil 44 M elastisch anschl und 8 R kraus rechts mit Rdm str. In der nächsten R 1 Rdm und 4 M kraus rechts str, 1 M-Markierer setzen, 34 M glatt rechts str, 1 M-Markierer setzen, 4 M kraus rechts und 1 Rdm str. In dieser durch M-Markierer gekennzeichneten Mustereinteilung weiterarb. Nach 56 R (ab Anschlag) mit den Abnahmen für die Schulter beginnen. Hierfür in der Hinr die ersten 2 M nach dem 1. M-Markierer rechts überzogen und die letzten 2 M vor dem 2. M-Markierer rechts zusammenstr. Dies noch 2x in jeder folgenden Hinr wdh (= 38 M). Die M nach 62 R (ab Anschlag) stilllegen, den Faden abschneiden und die M-Markierer entfernen. Erneut 44 M elastisch anschl und das Vorderteil genauso str. Die M-Markierer entfernen, aber den Faden nicht abschneiden.
Für den Kragen nun zunächst über die M des Vorderteils 1 Rdm und 4 M kraus rechts str, 1. M-Markierer setzen, mit 2 M rechts beginnend 32 M im Rippenmuster und 1 M rechts arb. Das Rückenteil dazunehmen und über die zuvor stillgelegten M 1 M rechts und mit 2 M links beginnend 36 M im Rippenmuster arb. 1 M-Markierer setzen und noch 1 M rechts str. Die Arbeit wenden und für den Untertritt der Knopfleiste 4 weitere M elastisch anschl (= 80 M). Die 2. R (= Rückr) über alle M mit 1 Rdm und 4 M kraus rechts vor dem 1. M-Markierer beginnen. Zwischen den beiden M-Markierern die M im Rippenmuster str, wie sie erscheinen, und nach dem 2. M-Markierer noch 4 M kraus rechts und 1 Rdm arb. In dieser Mustereinteilung weiterstr und gleichzeitig zu Beginn der 5., 13. und 21. R in der Blende vor dem 1. M-Markierer je 1 Knopfloch arb. Hierfür die 3. und 4. M der R elastisch abk und in der folgenden Rückr wieder elastisch anschl. Nach insgesamt 26 R Rippenmuster alle M elastisch abk. Die Position der Knöpfe bestimmen und diese annähen.

Fertigstellen

Die Fadenenden vernähen. Den Kragen anfeuchten, gleichmäßig spannen und gut trocknen lassen.

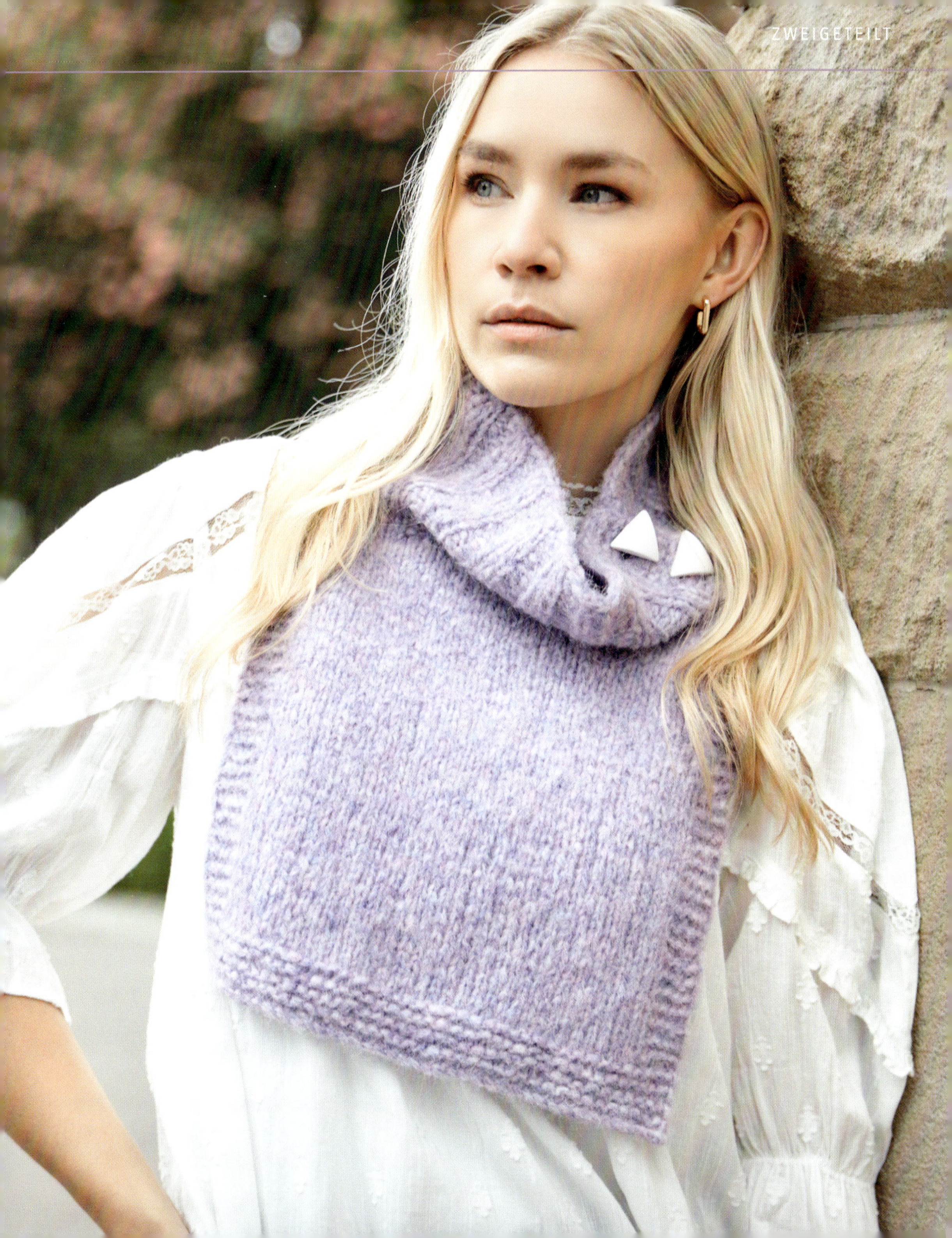

Treuer Begleiter

Kragenschal mit dekorativen Knöpfen

GRÖSSE
23 cm breit,
85 cm lang

MATERIAL

- Lana Grossa Alta Moda Cashmere 16 (LL 110 m/50 g) in Petrol (Fb 09), 100 g
- 5 Knöpfe in Schwarz-Türkis, ø 20 mm
- Stricknadeln 7,0 mm

MASCHENPROBE
Glatt rechts
mit Nd 7,0 mm
15 M und 20 R
= 10 cm x 10 cm

Perl-Rippenmuster

M-Zahl teilbar durch 3 + 2 M + 2 Rdm
Nach der Strickschrift in R arb. Es sind nur die Hinr gezeichnet, in den Rückr alle M links str. Mit der Rdm vor dem Rapport beginnen, den Rapport von 3 M gemäß Anleitung fortlaufend wdh und mit den M nach dem Rapport enden. Die 1. und 2. R gemäß Anleitung stets wdh.

●	–	–	■	–	–	●	1

Rapport = 3 Maschen

■ = 1 Masche rechts
– = 1 Masche links
● = 1 Randmasche

Anleitung

34 M anschl und 1 R (= Rückr) linke M str. Anschließend im Perl-Rippenmuster arb. Mit der Rdm vor dem Rapport beginnen, den Rapport von 3 M 10x str und mit den M nach dem Rapport enden. Die 1. und 2. R bis zu einer Schallänge von 85 cm fortlaufend wdh. Die M abk.
Um die Position der Knöpfe zu bestimmen, den Schal um den Hals legen. Den 1. Knopf in der Ecke zwischen der Unterkante und der linken Seite positionieren. Den 2. Knopf in der Ecke zwischen der Unterkante und der rechten Seite und den 3. Knopf mittig zwischen den beiden Knöpfen anbringen. Den 4. Knopf an der linken Seite 10,5 cm oberhalb des 1. Knopfes und den 5. Knopf 10,5 cm oberhalb des 4. Knopfes an der linken Seite annähen.

Fertigstellen

Die Fadenenden vernähen. Den Kragen anfeuchten, gleichmäßig spannen und gut trocknen lassen. Den Schal beliebig drapieren und die Knöpfe einfach nach Bedarf durch das lockere Gestrick knöpfen.

Mein Tipp für Sie

Variationen Nach Belieben die Schalenden überkreuz oder parallel, mehr oder weniger überlappend aneinander knöpfen, alternativ nur die Längs- oder Schmalseiten verbinden.

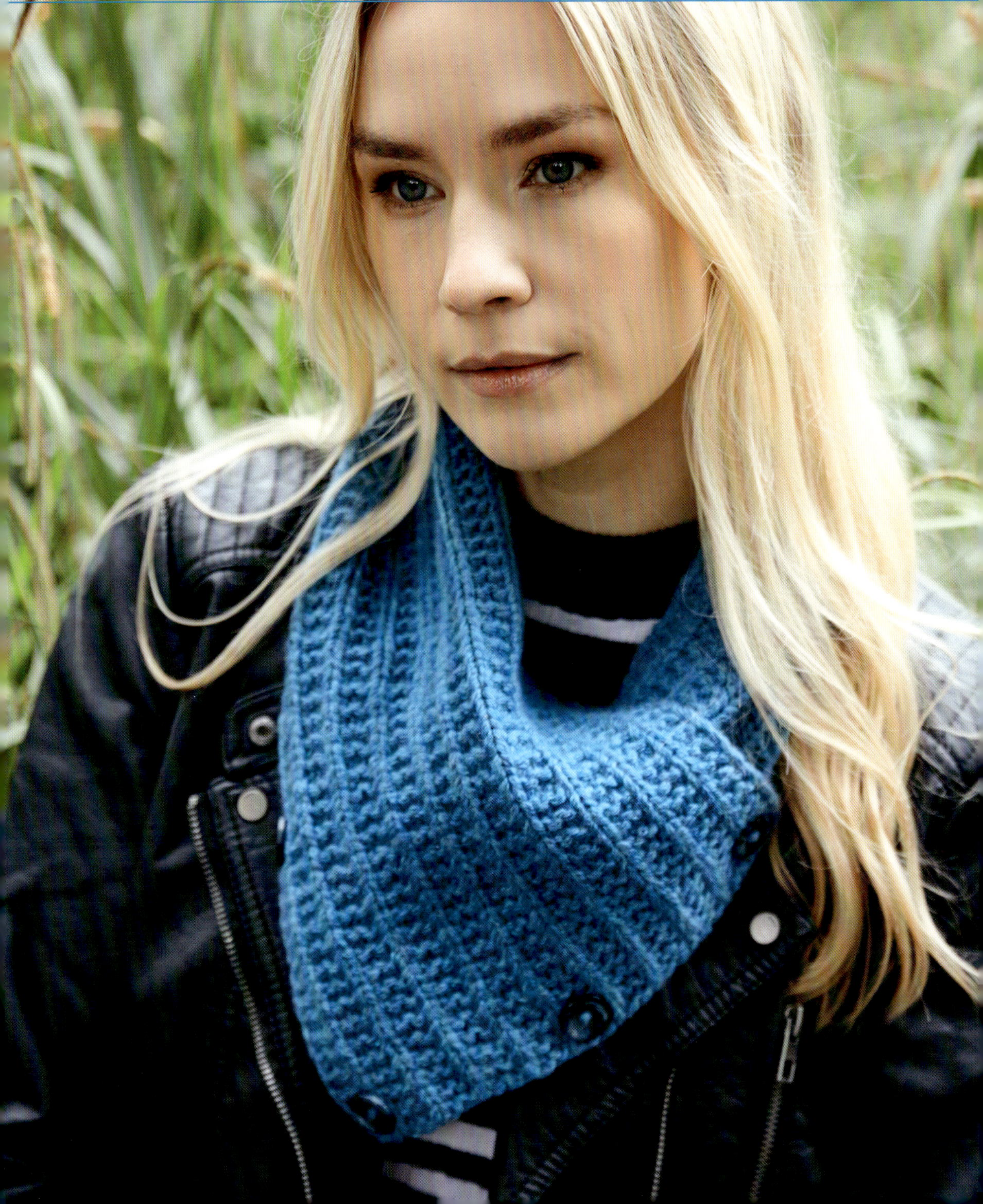

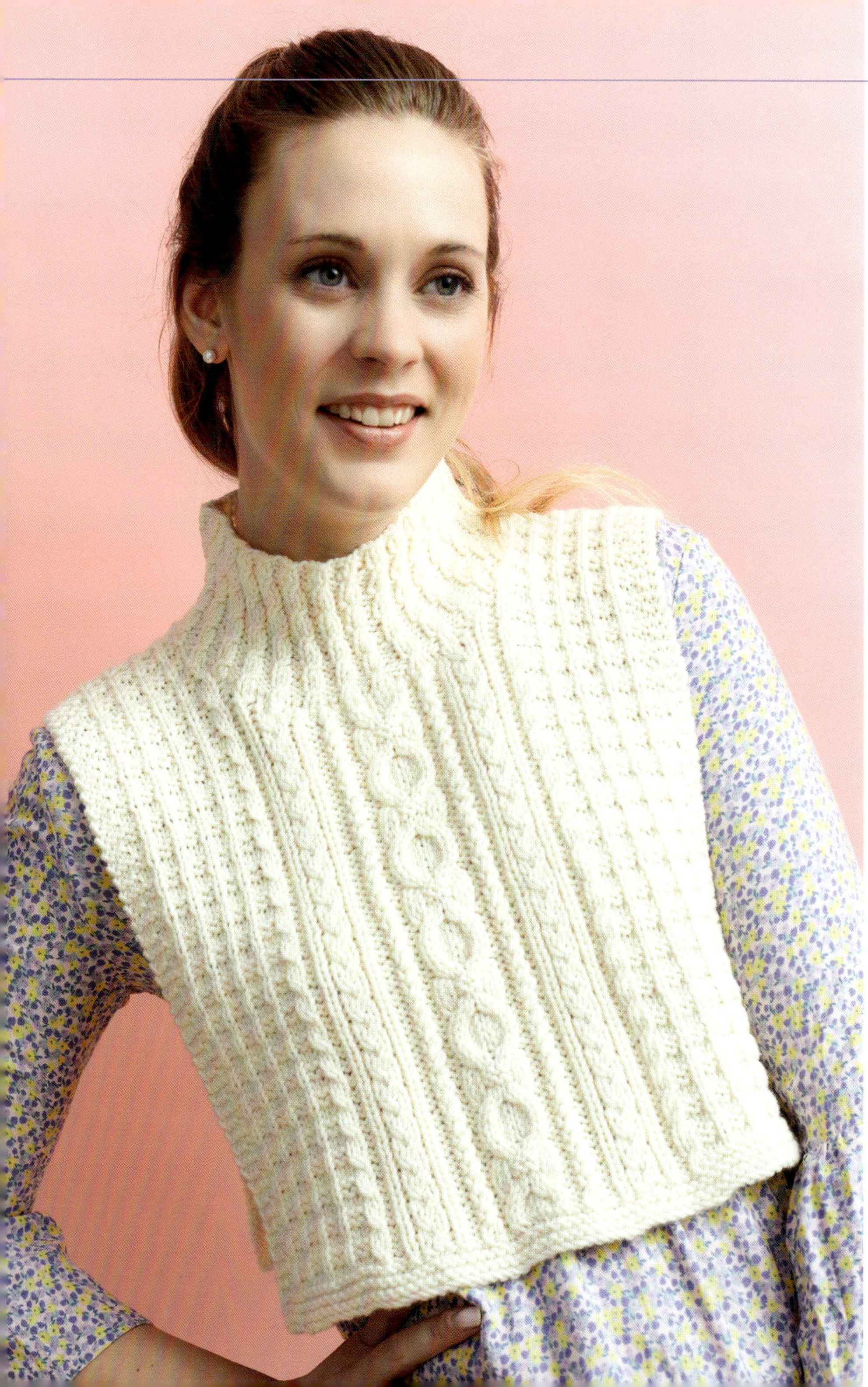

GRÖSSE
35 cm breit,
40 cm lang (ab Schulter)

MATERIAL

- Schachenmayr Merino extrafine 85 (LL 85 m/50 g) in Natur (Fb 202), 250 g
- Stricknadeln 4,5 mm
- Nadelspiel 4,5 mm oder Rundstricknadel 4,5 mm, 40 cm lang
- Maschenmarkierer

MASCHENPROBE
Glatt rechts mit Nd 4,5 mm 18 M und 25 R = 10 cm x 10 cm

STRICKSCHRIFTEN
Vorlagenbogen B

Herrlich traditionell

langer Kragen im Aranmuster

Kraus rechts
In Hin- und Rückr alle M rechts str.

Glatt rechts
In Hinr rechte M, in Rückr linke M str.

Randmaschen
In Hin- und Rückr rechts str.

Aranmuster
M-Zahl teilbar durch 6 + 46 M + 6 Rdm
Nach der Strickschrift in R arb. Es sind nur die Hinr gezeichnet, in den Rückr die Rdm rechts arb und alle übrigen M str, wie sie erscheinen. Mit den M vor dem Rapport 1 beginnen, den Rapport 1 von 3 M gemäß Anleitung fortlaufend wdh. Dann den Musterstreifen von 46 M arb, den Rapport 2 von 3 M gemäß Anleitung fortlaufend wdh und mit den M nach dem Rapport 2 enden. Die 1.-14. R 1x arb, dann die 3.-14. R gemäß Anleitung fortlaufend wdh.

Zopfmuster
M-Zahl teilbar durch 4
Nach der Strickschrift in Rd arb. Den Rapport von 4 M und die 1.-4. Rd gemäß Anleitung fortlaufend wdh.

Anleitung
Der Kragen wird von vorn über die Schulter nach hinten gestrickt.
70 M anschl und 5 R kraus rechts str. Mit dem Aranmuster nach der Strickschrift in R weiterarb. Dabei in der 1. R gemäß Strickschrift 6 M zun (= 76 M). Mit den Rdm vor dem Rapport 1 beginnen, den Rapport 1 von 3 M 4x wdh und anschließend den Musterstreifen von 46 M arb. Den Rapport 2 von 3 M 4x wdh und mit den Rdm nach dem Rapport 2 enden. Die 1.-14. R 1x arb, dann die 3.-14. R 5x arb.
Die 3.-14. R auch weiterhin wdh und gleichzeitig mit den Abnahmen für den Halsausschnitt beginnen. Zunächst die mittleren 22 M abk und beide Seiten getrennt weiterarb. Für den Ausschnitt in jeder 2. R 1x 3 M, 1x 2 M und 4x 1 M abk. Über die verbliebenen 18 M noch 16 R im Musterverlauf arb und die M dann stilllegen. Die 2. Seite gegengleich fertigstellen.
Für den Übergang zum angrenzenden Rückenteil in 1 Hinr zunächst die M der 2. Seite rechts str, dann 34 M neu anschl und anschließend über die stillgelegten M der 1. Seite weiter rechte M str (= 70 M). In der Rückreihe 3 M rechts, 64 M links und 3 M rechts str. Diesen Musterverlauf fortführen und jeweils die ersten und letzten 3 M kraus rechts und die 64 M dazwischen glatt rechts str, bis das Rückenteil nahezu die Länge des Vorderteils erreicht hat. Noch 5 R kraus rechts über alle M stricken und die M abk.
Für den Stehkragen aus dem Halsausschnitt mit dem Ndspiel oder der kurzen Rundstricknd 100 M auffassen und zur Rd schließen. Den Rd-Anfang mit einem M-Markierer kennzeichnen und nach der Strickschrift zum Zopfmuster arb. Den Rapport von 4 M 25x str und die 1.-4. Rd 5x arb. Bei einer Gesamtlänge von ca. 9 cm die M im Musterverlauf nicht zu locker abk.

Fertigstellen
Die Fadenenden vernähen. Den Kragen anfeuchten, gleichmäßig spannen und gut trocknen lassen.

Mein Tipp für Sie

Breite variieren Für einen breiteren Kragen den Rapport 1 und 2 jeweils fortlaufend wiederholen, bis die gewünschte Maschenzahl erreicht ist.

Umwerfend

Mini-Cape mit Bindebändern

Randmaschen

Die 1. Rdm in Hinr wie zum Rechtsstr und in Rückr wie zum Linksstr abheben. Die letzte M in Hinr rechts und in Rückr links str.

Glatt rechts

In Hinr rechte M, in Rückr linke M str.

Großes Perlmuster

M-Zahl teilbar durch 2

1.+2. R: 1 M rechts, 1 M links im Wechsel str.

3.+4. R: 1 M links, 1 M rechts im Wechsel str.

Zopfmuster

M-Zahl teilbar durch 4

Nach der Strickschrift in R arb. Es sind Hin- und Rückr gezeichnet. Den Rapport von 4 M 1x str und die 1. und 2. R gemäß Anleitung fortlaufend wdh.

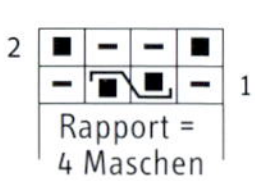

■ = 1 Masche rechts

– = 1 Masche links

= 1 Masche auf einer Hilfsnadel vor die Arbeit legen, 1 Masche rechts stricken, dann die Masche der Hilfsnadel rechts stricken

Kordel (I-Cord)

3 M auf einer Ndspielnd anschl, an den Anfang der Nd schieben, den Faden anziehen und die M mit der zuerst angeschlagenen M beginnend nacheinander rechts str *. Die M an den Nd-Anfang zurückschieben, den Faden gut anziehen, damit sich die Kordel rundet, und die M rechts str. Ab * fortlaufend wdh, bis die gewünschte Kordellänge erreicht ist.

Anleitung

Mit dem Kragen beginnend wird von oben nach unten gestrickt. 72 M elastisch anschl und im großen Perlmuster arb. Die 1.-4. R fortlaufend wdh. Jede R mit 1 Rdm beginnen und beenden. Nach 30 R im großen Perlmuster eine Umbruch-R mit 6 Zunahmen wie folgt arb: 1 Rdm, 3 M großes Perlmuster, 1 M links verschränkt aus dem Querfaden zun, 12 M links, * 1 M links verschränkt aus dem Querfaden zun, 13 M links *; von * bis * 3x wdh, 1 M links verschränkt aus dem Querfaden zun, 3 M großes Perlmuster, 1 Rdm (= 78 M).

Die folgende R ist nun die neue Hinr. Mit 1 Rdm beginnen, 3 M im großen Perlmuster str und das Ende der Blende mit einem M-Markierer kennzeichnen. 1 M glatt rechts, * 1 U, 4 M Zopfmuster, 1 U, 4 M glatt rechts *; von * bis * noch 7x wdh, 1 U, 4 M Zopfmuster, 1 U, 1 M glatt rechts str. Den Beginn der 2. Blende mit einem weiteren M-Markierer kennzeichnen, 3 M im großen Perlmuster arb und mit 1 Rdm enden (= 96 M). In dieser Mustereinteilung weiterarb und dabei in jeder 4. R (= Hinr) vor und nach jedem Zopfmusterstreifen je 1 M durch 1 U zun (= 18 M/jede 4. R). Die U in der folgenden Rückr links verschränkt abstr und die zugenommen M in den sich stetig verbreiternden Streifen aus glatt rechts gestrickten M integrieren. Nach der 9. R mit Zunahmen (= 240 M) weitere 17 R in dieser Mustereinteilung ohne Zunahmen arb. Anschließend über alle M noch 6 R im großen Perlmuster str und dabei von der Blende aus den Wechsel zwischen rechten und linken M fortführen. Die M abk. Für die Bindebänder 2 ca. 35 cm lange Kordeln aus je 3 M str (alternativ aus dem Strickgarn flechten oder drehen) und unterhalb des Kragens hinter der Blende annähen.

Fertigstellen

Die Fadenenden vernähen. Das Cape anfeuchten, gleichmäßig spannen und gut trocknen lassen.

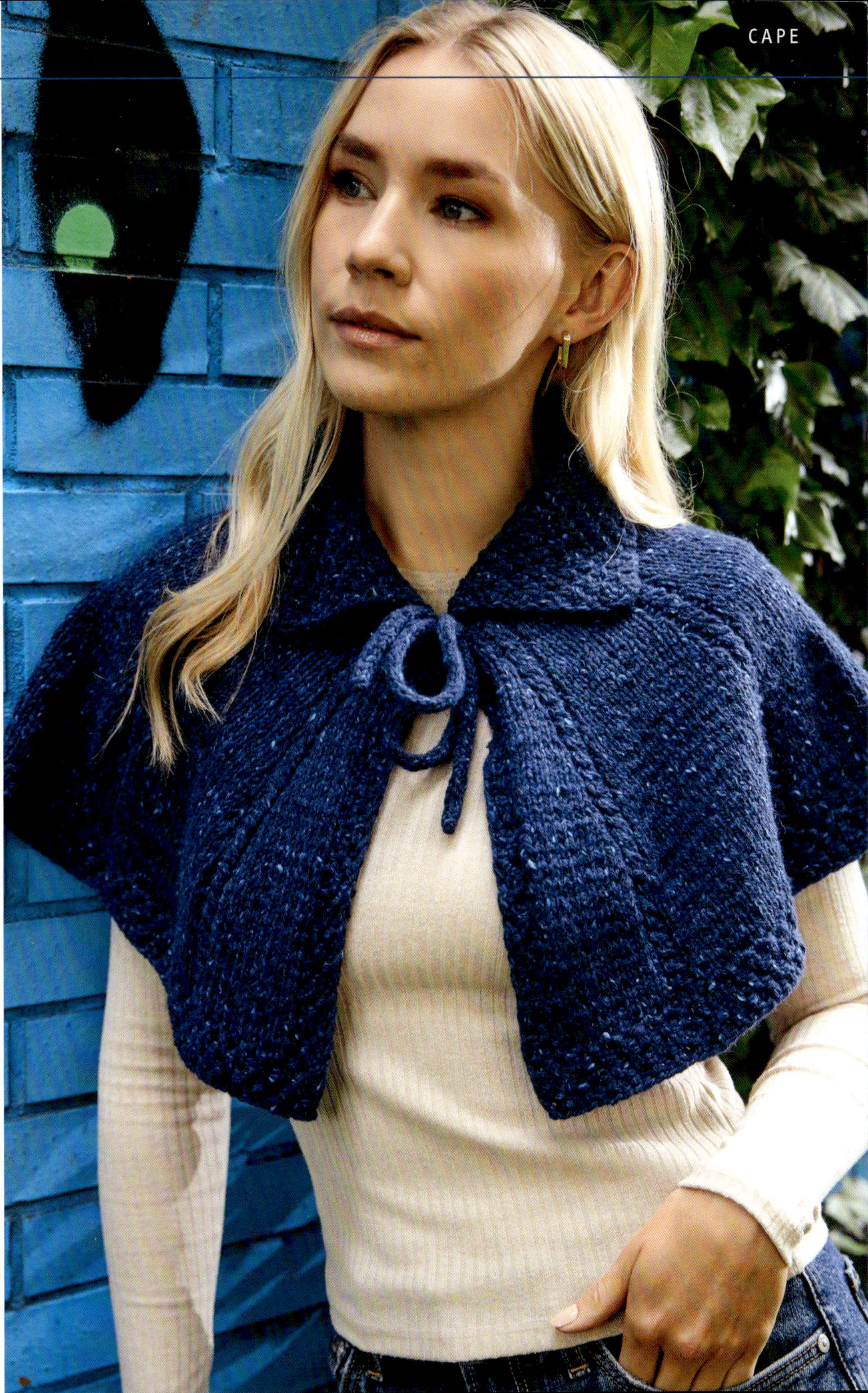

GRÖSSE
Umfang:
oben 48 cm,
unten 156 cm;

27 cm lang
(ohne Kragen)

Kragen:
47 cm breit,
12 cm lang

MATERIAL

- Lana Grossa Country Tweed (LL 90 m/50 g) in Dunkelblau meliert (Fb 14), 200 g
- Rundstricknadel 5,0 mm, 80-100 cm lang
- 2 Nadeln eines Nadelspiels 5,0 mm (für die Kordel)
- Maschenmarkierer

MASCHENPROBE
Glatt rechts
mit Nd 5,0 mm
15 M und 22 R
= 10 cm x 10 cm

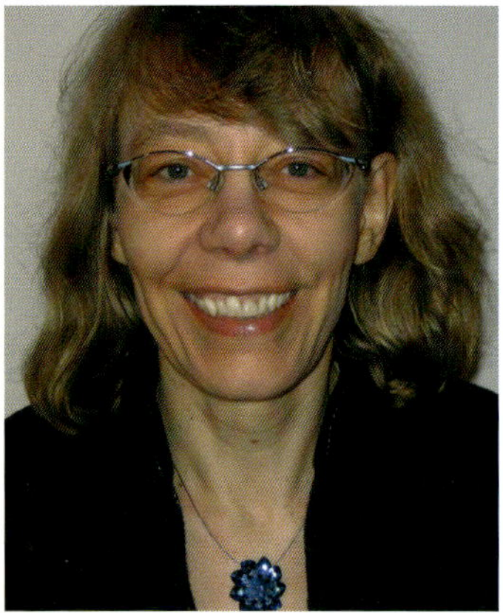

Lydia Klös lebt mit ihrer Familie auf der Insel Amrum, wo sie neben ihrer Tätigkeit als Buchautorin und Designerin jede freie Minute zum Stricken nutzt.

DANKE!

Ein herzliches Dankeschön geht an die folgenden Firmen für die Unterstützung bei diesem Buch:

MEZ GmbH
www.schachenmayr.de

Lana Grossa GmbH
www.lana-grossa.de

Lang & Co. AG
www.langyarns.com

Buttinette GmbH
www.buttinette.de

Prym Consumer Europe GmbH
www.prym.de

TOPP – Unsere Servicegarantie

WIR SIND FÜR SIE DA! Bei Fragen zu unserem umfangreichen Programm oder Anregungen freuen wir uns über Ihren Anruf oder Ihre Post. Loben Sie uns, aber scheuen Sie sich auch nicht, Ihre Kritik mitzuteilen – sie hilft uns, ständig besser zu werden.

Bei Fragen zu einzelnen Materialien oder Techniken wenden Sie sich bitte an unseren Kreativservice, Frau Erika Noll.
mail@kreativ-service.info
Telefon 07 11/12 37 57 20

Das Produktmanagement erreichen Sie unter:
pm@frechverlag.de
oder:
frechverlag
Produktmanagement
Dieselstraße 5
70839 Gerlingen
Telefon 07 11/8 30 86 68

LERNEN SIE UNS BESSER KENNEN! Fragen Sie Ihren Hobbyfach- oder Buchhändler nach unserem kostenlosen Magazin **Meine kreative Welt**. Darin entdecken Sie dreimal im Jahr die neuesten Kreativtrends und interessantesten Buchneuheiten.

Oder besuchen Sie uns im Internet! Unter **www.topp-kreativ.de** können Sie sich über unser umfangreiches Buchprogramm informieren, unsere Autoren kennenlernen sowie aktuelle Highlights und neue Kreativtechniken entdecken, kurz – die ganze Welt der Kreativität.

Kreativ immer up to date sind Sie mit unserem monatlichen **Newsletter**. Für aktuelle Infos, Gratis-Anleitungen und Gewinnspiele gleich anmelden unter **www.TOPP-kreativ.de/Newsletter**

IMPRESSUM

FOTOS: frechverlag GmbH, 70839 Gerlingen; lichtpunkt, Michael Ruder, Stuttgart
PRODUKTMANAGEMENT: Jessica Josephine Cremer
LEKTORAT: Helene Weinold, Violau
COVER: Melanie Hermann
GESTALTUNG: Petra Theilfarth
DRUCK: POLYGRAF PRINT spol. s r.o.

1. Auflage 2023

ISBN 978-3-7358-7069-8 • Best.-Nr. 27069

MIX
Aus verantwortungsvollen Quellen
FSC® C023577

Penguin Random House Verlagsgruppe
FSC® N001967